语言赋能

实践 篇

[日] 浦上大辅 著　　徐芳芳 译

PEP
TALK

实践！ペップトーク

台海出版社

北京市版权局著作合同登记号：图字：01-2021-6137

JISSEN! PEP TALK by Daisuke Urakami
Copyright © Daisuke Urakami, 2019
All rights reserved.
Original Japanese edition published by FOREST Publishing Co., Ltd, Tokyo.

This Simplified Chinese language edition is published by arrangement with
FOREST Publishing Co., Ltd., Tokyo in care of Tuttle–Mori Agency, Inc., Tokyo
through Pace Agency Ltd., Jiang Su Province.

图书在版编目（CIP）数据

语言赋能 . 实践篇 / （日）浦上大辅著；徐芳芳译
. -- 北京：台海出版社，2022.1
　　ISBN 978-7-5168-0651-7

　　Ⅰ.①语… Ⅱ.①浦… ②徐… Ⅲ.①语言艺术—通
俗读物 Ⅳ.① H019-49

中国版本图书馆 CIP 数据核字（2021）第 232782 号

语言赋能 . 实践篇

著　　者：（日）浦上大辅	
出 版 人：蔡　旭	封面设计：创研社
责任编辑：员晓博	

出版发行：台海出版社
地　　址：北京市东城区景山东街 20 号　邮政编码：100009
电　　话：010-64041652（发行，邮购）
传　　真：010-84045799（总编室）
网　　址：www.taimeng.org.cn/thcbs/default.htm
E - mail：thcbs@126.com

经　　销：全国各地新华书店
印　　刷：三河市天润建兴印务有限公司
本书如有破损、缺页、装订错误，请与本社联系调换
开　　本：880 毫米 ×1230 毫米　　　1/32
字　　数：161 千字　　　　　印　　张：7.25
版　　次：2022 年 1 月第 1 版　　印　　次：2022 年 1 月第 1 次印刷
书　　号：ISBN 978-7-5168-0651-7
定　　价：48.00 元

前 言
Preface

2019 年 1 月 26 日，日本职业网球运动员大坂直美在澳大利亚网球公开赛中问鼎冠军，这是她继 2018 年在美国网球公开赛中夺冠后的又一壮举。至此，她的世界排名上升至第一位。

大坂直美在 2017 年年末的世界排名仅位列第 68 位，而让她飞速成长起来的人是 2017 年 12 月就任其教练的萨沙·巴金。值得注意的是，巴金教练的指导话术也受到了广泛的关注。

比赛前

"你要乐观。人生多么美妙，天气也宜人，来吧，专注当下。你能行！你没有错！你很棒！"

比赛进行中

　　"我们不是说好要积极乐观一点吗……不要紧的。你能行，你一定能行的。"

　　"你已经从世界排名第一的选手手上赢了一局。先让脚动起来，不要过分执着于打角度球，只要往中间打就好。一分一分地去赢。"

　　"我做塞雷娜[1]的陪练长达8年，我说的一定不会错。女子网球运动员里没有人是你的对手。"

　　巴金教练指导的精髓是，使用积极话语来提升大坂直美选手的斗志。他就是一名Pep Talker（激励话术师），梦想摆渡人。你想知道如何才能成为像他一样的 Pep Talker 吗？

　　答案就在本书中。

　　Pep Talk（激励话术）源于体育强国美国，最初是指主教练或教练员在赛前的更衣室里使用积极话语激发选手斗志的短小演讲。

---

1 塞雷娜·威廉姆斯，获得世界四大网球公开赛23次女单大满贯冠军。——译者注

Pep 在英语中指"精神、朝气、活力"。本书的监修岩崎由纯先生把他在美国体育第一线学到的"领导者激励团队成员的话术"确立为一种能激励自我、家人和伙伴的话术。这种话术的用语简洁而积极,体育赛场自不待言,更能够应用到家庭、职场或教育一线当中。

2012 年 4 月,我与岩崎由纯代表理事、占部正尚理事等人,一起创立了"日本 Pep Talk 推广协会"。协会致力于 Pep Talk 的研究与开发,最终打造出了能够激发他人干劲的话术模型,该模型包含【接受】→【承认】→【行动】→【激励】四个步骤。

为了推广 Pep Talk,协会迄今为止已培养出一百余名培训师。现如今,在日本,几乎每天都有地方在举办 Pep Talk 的演讲或研修活动。

写作本书的真正目的是,把我与培训师伙伴们一起打磨而成的 Pep Talk 的理念与实操技能,浅显易懂地传达给你,希望你也能成为一名 Pep Talker。

此刻翻看本书的你,或许作为领导正在统领一个团队,或许作为教练在指导着选手,或许作为父母、教育工作者在守护着孩子们的成长……

无论你从事什么工作,我相信你一定是某些人的梦想摆渡人，为帮助他们实现梦想而奋斗着。而梦想摆渡人要学会使用的语言就是 Pep Talk。为了让大家学会 Pep Talk，本书各章安排了如下内容：

第 1 章，想做出成绩应该怎么说话

第 2 章，你也一起成为 Pep Talker 吧

第 3 章，Pep Talk 的根基是"积极话语"

第 4 章，短短 5 秒就能激发自己斗志的"自我 Pep Talk"

第 5 章，短短 1 分钟就能激发他人干劲的"目标 Pep Talk"

第 6 章，短短 2 分钟就能抓住听众心灵的"视觉 Pep Talk"

身为梦想摆渡人的你，可能站在领导者、父母、教练、上司、前辈等各种不同的立场激励着他人。本书为了方便处于各种立场的读者理解，统一使用"领导者"和"团队成员"两个词。身为领导者的你，如果话语发生了改变，团队成员以及整个团队所做出的成绩 100% 也会发生变化。

在本书开始之际，我想把以下 Pep Talk 送给你。

1. 接受（接受事实）

你，日复一日地在努力奋斗。

有时也会感到焦虑、丧失信心或情绪低落吧。

2. 承认（转换理解）

那是因为你想创造更好的人生，想为家人或朋友多尽一分力，或者想打造更优秀的团队，这是你在努力挑战的证明。

3. 行动（指示行为）

今天你拿起这本书，就是命中注定的缘分。你要抓住这个良机。

集中注意力，一页一页地往下读，坦诚面对自己的语言。

并且，从今天开始，你要具备改变自己语言的勇气！

4. 激励（助推一把）

今天，是你余生的第一天。

就从今天开始。你一定能做到！

来吧，开始吧！

日本 Pep Talk 推广协会常务理事　　浦上大辅

学以致用！PEP TALK 的全景图

Pep Talker 的成长之路

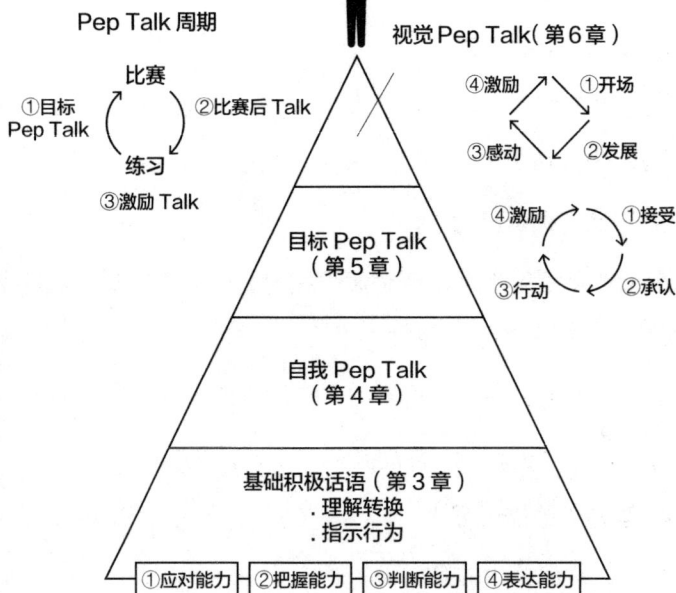

Pep Talk 周期

①目标 Pep Talk → 比赛 → ②比赛后 Talk → 练习 → ③激励 Talk

视觉 Pep Talk（第 6 章）

④激励 → ①开场 → ②发展 → ③感动 → ④激励

④激励 → ①接受 → ②承认 → ③行动 → ④激励

目标 Pep Talk
（第 5 章）

自我 Pep Talk
（第 4 章）

基础积极话语（第 3 章）
. 理解转换
. 指示行为

①应对能力　②把握能力　③判断能力　④表达能力

Pep Talk 的基础理论（第 2 章）

①人际关系 融洽	③想象 物质想象力 心理控制术
②传达能力 安抚 梅拉宾法则 拟声拟态词	④执念 皮格马利翁效应 环境基因迷因 范式转换

目 录
Contents

第二章

你也一起成为 Pep Talker 吧 / 039

第三章

Pep Talk 的根基是"积极话语" / 085

第四章

短短 5 秒就能激发自己斗志的 "自我 Pep Talk"

第五章

短短 1 分钟就能激发他人干劲的 "目标 Pep Talk" ／ 159

第六章

短短 2 分钟就能抓住听众心灵的
"视觉 Pep Talk" / 187

第一章

想做出成绩
应该怎么说话

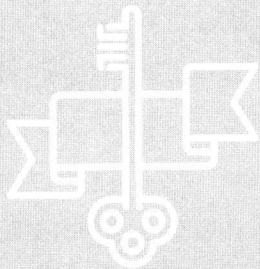

语言创造出奇迹的少年棒球俱乐部

决赛终于来了。你们应该深有体会,只要认真做就一定能做成。

今天的对手也是很棒的球队。不过,咱们旗之台俱乐部必胜无疑。

大家一起开创新的历史吧。就在今天。

好了,要开始了。尽情享受打棒球的乐趣吧。

来,一起喊出团队口号!(围成一圈)

最强!最棒!!最发光!!!

决赛就在这样的激励话语后拉开了帷幕,在加时赛落后2分的情况下,球队迎来了最后的进攻机会……但是,4个月前,谁也没想到这支队伍竟然能挺进决赛……

旗之台俱乐部,位于东京都品川区,是一家已有50年创部历史的少年棒球俱乐部。小学1~3年级球队的指导团队由大矢敦任主教练，3 年级孩子的爸爸们任教练员。

这支少年棒球俱乐部由大矢主教练的父亲创立，大矢主教练自己上小学时也在这里打球，他对这个俱乐部有着非常深厚的感情。

1~3 年级的孩子们努力练习，希望能在由关东 124 支强队参加的"荒川育英大赛"上出线。但是，在练习赛中，孩子们各自出言不逊，"好好接住球啊""你为什么失误"等话语不绝于耳，孩子们互相推卸责任并发生争执。教练员责备失误的选手："你在干什么！"而主教练自己也对没有干劲的孩子怒吼道："没有干劲，就给我回家！"并在比赛中途强制换人……

结果可想而知，球队在比赛中大量失分，无法赢球，根本没有成就感可言，这种状态持续了好一阵子。而大矢主教练在指导的过程中，对孩子们是否真的在享受棒球产生了疑问："主教练只关注输赢，即使赢得比赛，孩子们真的会感到快乐吗？为了让孩子们享受棒球的乐趣，教练应该做些什么呢？"他想做点改变，但不知道该做什么、怎么做。

我与大矢主教练相遇，是在 2018 年 6 月。当时我正在为当地小学的 PTA（家长教师协会）做 Pep Talk 演讲。

了解到旗之台俱乐部的情况后，我决定参与这支球队的建设。

7月，我把主教练和教练员聚集到一起，想听听他们对孩子和棒球的想法。"希望孩子们能享受棒球的乐趣。""希望孩子们能打得越来越好，并体会到胜利的喜悦。""最重要的是，希望孩子们能喜欢上棒球，并长期坚持下去。"……这些殷切的希望溢于言表。其中，有一位爸爸说他感到很后悔，因为自己对长子泼了太多冷水，导致他放弃了棒球。他说："我空有一番心意，却无法恰如其分地表达出来……"

我感到非常可惜，于是提议："把指导时的语言改成Pep Talk怎么样？"之后，主教练和教练员们学习了Pep Talk。直到那天深夜，我们还在讨论在夏季集训时，该对孩子们使用哪些具体的指导话语，如何开始实践Pep Talk。

之前，当孩子犯错的时候，教练员们会说："你在干什么！别失误！你怎么会打出那样的球！别发呆！"而现在，他们则会以明朗的表情，乐观地鼓励孩子们："没关系，下个球一定行。使劲击打飞到中间腰带附近的球吧！集中注意力……"

教练们也逐渐认识到，孩子们并不是一开始就会打球，他们每天都在不断努力地成长。主教练、教练员和父母们一心希望孩子们能更加喜欢棒球，希望孩子们能享受打棒球的乐趣。现在，即使面临紧张的场面时，他们也会说："开心地打球吧！"

他们使用的语言发生了180度大转变。

【减少的语言】

"你在干什么？"

"都说了让你别失误。"

"别失误啊。"

"别打坏球。"

"别发呆。"

"没干劲的人赶紧退出。"

【增加的语言】

"没关系，关注下一个球，下一个。"

"仔细看清楚球后再接。"

"使劲投出反弹球。"

"使劲打出正球。"

"集中精神。"

"打得很积极，不错。"

"一定能打中。"

"这个球投得好。"

"享受棒球吧。"

以前，孩子们因为不想失败、不想被骂，会看主教练和教练员的脸色，并等待指示。大矢主教练希望孩子们能够享受棒球的乐趣，希望他们能够更加自由自在地打球，所以决定不再给出指示。

他还为孩子们创造了团队口号。在比赛前，全体队员围成一圈，一起高喊："最强！最棒！！最发光！！！"当有击球员进入击球区前，孩子们也会喊："状态绝佳！"

刚开始时，孩子们因为害羞，口号喊得很小声。后来，他们渐渐地发生了改变，可以大声喊出口号了。曾经在练习和比赛中争执不断的孩子们，不知不觉间开始互相称赞同伴们的表现。在遭遇危机和艰难时刻时，他们也会互相打气，共同克服困难。

大赛开始前，大矢主教练自制了一份报纸分发给孩子们。

报纸的标题是："旗之台俱乐部首次夺冠！"

大矢主教练根据赛程表描绘出夺冠的历程，把从第 1 轮比赛到决赛，总计 7 场比赛的赛况、比分、选手们的精彩表现全部写成文字，并制作成报纸。他用激励话语在报纸上事无巨细地记录了每个孩子的成长过程、比赛中的出色表现、为球队做出的贡献，以及希望未来会发生的事情。

孩子们看到写有自己活跃身姿的报纸时，眼神都变了。在此之前，当孩子们被问及"目标是什么"时，往往无言以对。但现在，他们却不断地成为那张报纸上面所写的自己。

家长们一开始将信将疑，但看到孩子们不断战胜一支支实力比他们强大的球队时，也渐渐狂热了起来。

球队在半决赛中戏剧性地反败为胜后，我和大矢敦主教练想出了两个秘计。

秘计一是，制作能让孩子们想象出决赛夺冠场景、激发他们干劲的视频，在决赛前一天让他们各自在家中观看。

视频以放克猴宝贝（FUNKY MONKEY BABYS）乐团的歌曲《还有一件事》为背景音乐，包含了每一位选手的成长情况，通过添加字幕的方式，称赞他们为球队做出的贡献。

决战的时刻终于到来了。

明天也会赢，毋庸置疑！

你们的成长远远超出了我们这些教练的想象。

你们会成为最好的球队，并英勇夺冠。

这不是梦，是真实发生的最棒的奇迹！
不是奇迹，是你们的实力！！

最强！最棒！！最发光！！！

#11 球道

你作为队长，带领球队走到了今天，进步飞快。在紧张的比赛中，你的奋力投球非常出色。决赛也要投打大爆发！投球非常精彩。恭喜你。

#12 耕纪

你太棒了，耕纪，竟然能在如此短的时间内成长得这么快……说实话，我很惊讶。毫无疑问，你是本次大赛的NO.1接球手。2垒、3垒的盗垒打法是改变球队节奏的最佳打法。决赛中的接球也是最棒的！恭喜你。

#13 宇汰

首战中向左中间打出的本垒打很精彩，防守也很敏捷，表现稳定。在第三场比赛的紧要关头，你虽然紧张，但完美的救援非常精彩。决赛时的击球也很棒！恭喜你。

#14 步空

首战防守完美，本次比赛防守稳定。在击球方面，你从第一个球开始就使劲挥出球棒，并完美击中了球。决赛也打出了最好的表现！恭喜你。

#15 大和 #16 光辉 #17 友悝 #19 大雅 #20 令恩 #21 利树 #22 洸悝 #36 阳斗 #38 陆斗 #23 容大 #24 要 #25 隆之介 #26 快星 #27 宙哉 #31 裕太 #32 航大 #33 大辉 #37 健太郎 #39 光一朗 #34 晴空 #35 友晖……

大矢主教练在给全体 25 名选手留言的同时，还附上了对支持自己的教练员们和孩子妈妈们的感谢话语。

各位教练员们

相信大家也切身感受到了孩子们在每一场比赛中的成长，Pep Talk 有力地助推了孩子们的成长。

我们应做什么，通过这次比赛已经很明确了。

孩子们的可能性是无限的，应该让他们自己设定一个清晰具体的目标，并快乐地朝着这个目标努力奋进。

仅此而已，无他。

让我们继续携手努力。

感谢各位。

各位妈妈们

从初赛到决赛的7场比赛，感谢大家自始至终给予的大应援。

大家真的想到球队能打进决赛吗?

我明白了一个道理，只要深信不疑，没有达不成的目标。

孩子们能像现在这样发自内心地享受棒球的乐趣，作为父母也心满意足了!

为他们做便当也很值得呢。

夺冠瞬间，让我们相互拥抱、号啕大哭吧!

浦上大辅教练

感谢您指导我们使用 Pep Talk，我们教练团队的所有人都成了出色的 Pep Talker。今后我们也会为了孩子们的成长积极使用激励话语。

谢谢您特意赶来为比赛呐喊助威！您是我们的胜利男神！

真心感谢您。

旗之台俱乐部的飞跃式成长还在继续。

拥有了这次育英大赛的夺冠经历，今后你们也一定会继续享受打棒球的乐趣，不断成长。

3 年后的 2021 年 8 月。

进入 6 年级的你们将作为东京代表，参加少年棒球的最高赛事——"高圆宫赐杯第 41 届全日本学童软式棒球大会"。

你们穿着袖子上印有"东京"字样的运动服，个头也长高了，表情凛然。

像往常一样，大家会这样齐声喊道：

最强！最棒！！最发光！！！

孩子们一遍又一遍地观看这个视频，想象着自己在赛场上的精彩表现。而背景音乐《还有一件事》，成为球队的主题曲。

　　我和大矢主教练想出的第二个秘计是决赛前夕的 Pep Talk。大矢主教练经过深思熟虑，按照 Pep Talk 的四个步骤写下了给球队的 Pep Talk（第五章做详细解说）。

1. 接受（接受事实）

终于迎来了育英大赛的决赛。

大家应该深有体会，只要认真去做，就能做成。

今天的对手也是很棒的球队。

2. 承认（转换理解）

不过，咱们旗之台俱乐部必胜无疑。

今天大家的状态也非常好。

今年是旗之台俱乐部创部 50 周年。

大家一起开创新的历史吧！就在今天。

3. 行动（指示行为）

夺冠的瞬间，我们将从心底发出这样的呼喊：

"我们最棒！"

好了，要开始了。

尽情地享受打棒球的乐趣吧。

4. 激励（助推一把）

团队口号，一起喊出来！

最强！最棒！！最发光！！！

我给大矢主教练提出了使用 Pep Talk 的最后一个建议。我说："我们不要照本宣科地说出 Pep Talk，而要看着孩子们的脸，认真地说出发自内心的、能表达心意的话！"

之后，球队迎来了决赛。

比赛前，大矢主教练把内心涌起的想法转化为语言，他的一番 Pep Talk 非常精彩。孩子们最初放松的表情，也一下子紧绷了起来。

那是心灵被点燃的瞬间。只有做好了万全准备的人，才能说出令人灵魂颤抖的 Pep Talk……

最后，大家围成一圈，在球队主题曲《还有一件事》的背景音乐下，大声喊出了团队口号："最强！最棒！！最发光！！！"

这场比赛是一场反超与被反超的拉锯战。对方球队实力强悍，投手是现役职业棒球选手的儿子。最后一局，球队在 3 比 2 落后 1 分的不利局面下，开始了艰难的比拼，凭借顽强的进攻，将比分追平，比赛进入了加时赛。

加时赛遵循特殊规则，从无人出局满垒开始。孩子们承受着相当大的压力。

一开局，由于四坏球和失误，球队痛失2分，情况非常不利，并同时面临着无人出局满垒的危机。如果在以前，孩子们会瞬间崩溃。

此时，大矢主教练叫停比赛，走到投手区。他召集孩子们，鼓励道："没关系，只要用这2分压制住对手，就一定能后发制人反超对手。好好防守并发动进攻。加油！"听到这些话，孩子们恢复了平静，并拿下了后面的比分，气势磅礴地回到了长椅席。

这是被对手领先2分的后发制人。他们像往常一样在长椅前围成一圈，喊道："最强！最棒！！最发光！！！"不知道为什么，球队完全没有落后2分的消极情绪。从无人出局满垒开始，孩子们用气魄十足的内野安打将比分追平。进入本垒的两人振臂高呼。仍然是无人出局，2、3垒有人。一球定输赢的机会来了。

主教练、教练员、选手、家长们一起用 Pep Talk 为紧张的击球员打气加油。

"享受棒球吧！"

"一定行！一定行！"

"能打中！能打中！绝对能打中！"

加油助威的话语成为击球员的强大动力。

最后，击球员凭借强大的精神力量击出内野安打时，3垒跑垒员成功上垒。

球队以戏剧性的逆袭，登上了冠军宝座。

这场比赛，双方球队都使出了浑身解数。比赛精彩绝伦，无论哪支球队赢得冠军都不足为奇。

在对冠军队主教练的采访中，大矢主教练被一家体育用品企业赞助商问道："教练员、家长们的呐喊助威真的很棒。以这种方式助威的队伍才能获胜呀。请问您学习过专业的话术吗？"对此，他满脸笑容，自信地回答道："我们学习的是Pep Talk！"

4个月前，谁能想到这支球队会夺冠？

作为负责人的主教练做出改变指导话语的决定，教练员们一起执行，教练们的心意打动了队员，还争取到了妈妈们的支持，于是奇迹发生了。但是，这不是奇迹，这是孩子们充分发挥潜力的结果。

这期间还发生了一件更令人高兴的事情。

因为屡遭父亲泼冷水而放弃了棒球的那名男孩，当看到弟弟乐此不疲地打着棒球时，便表示道："我想重新开始打棒球！"他从第2学期开始，加入了所在初中的棒球部。之前跟我说自己很后悔的那位父亲，也如释重负地舒了一口气，眉飞色舞地将此事告诉我，他的表情让我印象深刻。

回顾这4个月的巨大变化，大矢主教练对我说了这样一番话：

在棒球的指导过程中，负面语言的使用依然很广泛，有人说，从不疾言厉色的指导太天真；也有人说，只追求快乐是不行的。

的确，我自己也是在负面的语言环境中被训练出来的，所以也担心过，改变语言是否真的行得通。但是，我真的感到很欣慰，所有教练员们都认同 Pep Talk 的重要性，他们拥有改变的勇气，并且支持我去尝试。改变语言后，孩子们对我说打棒球越来越开心了，团队合作也越来越融洽，我由衷地感到高兴。

而且，通过这段经历，我开始相信孩子们的力量。即使身处不利的局面，我也会乐观地认为没关系，总会有办法，孩子们一定能扭转乾坤。

以前，我过于看重输赢，看到自己不满意的打法，就会脱口而出负面的语言。现在，这种冲动完全消失了。这4个月让我切身感受到孩子们的潜力是无限的。

创造奇迹的旗之台俱乐部

怎样才能激发他人的干劲

我们没有学习过如何将别人发自内心的干劲激发出来（激励别人）的方法。我们有的只是自己受到别人激励的经历，然后凭借这些所谓的经历激励眼前的人。

话说回来，我们到底是如何学会语言的呢？

生长在美国的人会说英语，生长在日本的人会说日语。我们平时在听周围人使用语言的过程中，便能学会相同的语言。同样在日本，关西人说关西方言，而北海道人则说北海道方言。

比如，我从小在东京长大，会把戴手套的"戴"用动词"套上"或"戴上"表达。但是，在北海道读大学时，让我感到震惊的是，北海道人居然使用动词"穿上"。虽然我想吐槽"穿"应该用在"穿袜子"的场合，但在北海道，大家都约定俗成地这么用。

也就是说，成长环境不同，使用的语言也就不同。这个道理同样适用于家庭、学校、职场和体育赛场中。

如果周围使用正面语言的人多，正面语言就会此起彼伏。

如果周围使用负面语言的人多，负面语言就会不绝于耳。

我们把激励别人、鼓舞别人、激发别人干劲的正面语言称为"Pep Talk"，把削减别人干劲的负面语言称为"Ppe Talk"（消极话术）。"Ppe"的发音正好是"Pep"倒过来的说法（详见第 27 页）。

我使用了"削减别人的干劲"这一措辞，当然并不是指使用这种语言的人一开始就有意削减别人的干劲，而是他们故意使用负面语言。这里指的是因为内心有所追求，想改变现状，却说出了严厉的话语，不知不觉变成了负面语言。

比如，为了鼓励多次失败的队员，教练可能会疾言厉色地训斥道："你连那个都不会吗？那干脆别打球了。"

如果在以前，很多人可能会这样回答："没关系，下次一定行，看我的。"这些人属于即使被推下悬崖，也能铆足劲爬上来的那类人。

很多想通过训斥来激励别人的人，也期待着对方能这样回答。但近年来，情况却发生了改变。

面对"你连那个都不会吗？那干脆别打球了"的训斥，有些人会干脆地回答："好！我不打了。"

本想通过训斥来激励他人的人也会惊愕不已："哎呀，你真的不打了吗，别走啊，接着打吧（刚才那句话并不是我的本意啊）……"

为什么会出现这种情况呢？我认为有以下几种原因：

1. 成员周围的环境发生了改变

◆选择越来越多

以前，即使想放弃，其他的选择也不多。但现在，工作跳槽已经司空见惯，而且还出现了 YouTuber（油管博主）等大量以前不存在的新兴职业。运动项目中不仅有棒球，还有足球、篮球。除了运动项目，还有许多充满魅力、吸引人的体育活动。

要想持续做一件事，就需要有一个明确的目的，那就是为什么要做这件事，并且这件事本身要有足够的吸引力，才能让人乐于做下去。

◆不必再忍耐

现在，选择越来越多，已经不再需要忍气吞声。

我们不用去图书馆，在网络上就能搜索到想查询的信息。在网络商城上点击下单，第二天就能收到想要的东西。与以往相比，需要忍耐的事已经大幅减少。反过来说，我们已经不再习惯忍耐。如果有人想通过训斥让我们忍耐，我们就会换一个不需要忍耐的地方。

2. 领导者周围的环境发生了改变

◆仅靠卖力已经无法出成果

曾经有一则广告提道："你能 24 小时工作吗？"那时，只要你工作足够卖力，就能过上不错的日子。

"你挖个洞！""好！""干得漂亮！"

"你把洞填上！""好！""干得漂亮！"

总之，只要听从上司的指示，哪怕效率低一点也能出成果。这是因为，当时社会正处于成长期，不管是卖力还是其他，只要干活就能取得一定的成果。然而，现在正处于从增长型社会向成熟型社会的转型期，仅靠卖力已然行不通了。

◆领导者的经验不一定正确

我们周围的环境正以惊人的速度发生变化。考虑到未来的变化会进一步加剧，之前领导所经历的成功模式不一定能带来成果。

从这个意义上讲，领导是否能让成员最大限度地发挥潜力，使他们创造出更多成果，变得尤为重要。然而，想要最大限度地发挥每个成员的潜力，还得靠语言。

因此，我们有必要重新审视自己所使用的语言。

上文中说到，我们在听周围人使用语言的过程中，便能学会同样的语言，语言是可以改变的。出生在东京的我，只要住在北海道，多听北海道方言，就能学会当地方言的用法。一开始，我是下意识地使用北海道方言，时间长了，就能不自觉地说出"今天忒冷，不穿手套不行"这样的北海道方言了。

同理，如果你掌握了 Pep Talk，就完全可以改变现在的说话方式。让我们使用下面的 4 个步骤，尝试改变自己的用语吧。

步骤 1：了解 Pep Talk

步骤 2：有意识地使用 Pep Talk

步骤 3：反复试错，摸索什么时候用得好，什么时候用得不好

步骤 4：可以无意识地使用 Pep Talk

对大多数人来说，步骤 1 和步骤 2 能比较顺利地掌握。因

为语言是一种习惯，所以步骤 3 的阶段需要花费一些时间。但是，只要每天反复实践，就一定能够掌握，并脱口而出，享受这个过程吧。你一定可以的！

拒绝改变语言的 3 种执念

即使通过听演讲等途径了解到 Pep Talk，明白了改变语言重要性的人，一旦真要改变时，也会有很多人难以迈出第一步吧。人们往往是自己给自己踩下了改变的刹车。究其原因，是因为很多人有着 3 种常见的执念。

执念 1："表扬会让人得意忘形"

经常有人跟我说："受到表扬后会得意忘形吧？""受到表扬后会飘飘然吧？"然后就认定，一味表扬人是有问题的。他们可能是把"表扬"和"娇惯"混为一谈了。

所谓"表扬"，是指根据对方的目标和方向，选用对方容易接受的具体语言，认可对方的存在、行为和结果，使其心理状态变得积极向上。

所谓"娇惯"，是指对于没有完成本该完成之事的纵容。"得意忘形""飘飘然"正是娇惯的结果，是一种以自我为中心的想法和自私的行为。当有人处于这种状态时，我们需要冷静地加以提醒。

执念2: "只追求快乐出不了成果"

我建议把"乐在其中"和"轻松偷懒"这两个概念区别开来。的确,如果只是寻求轻松偷懒的话,出不了成果。

"乐在其中"是指怀着积极的心态奋斗,竖心旁加一个"前"字形像"愉"字,愉快地投入到事物中的状态,是一种干劲被激发的状态,也是一种容易发挥实力的状态。

"轻松偷懒"则是指为了向更高的目标进发,本来有许多应做之事,结果却没有做,是偷工减料的意思。

为了出成果,就需要采取相应的行动。目标越高,越需要努力。正因为如此,愉快地付出努力才更重要。

而 Pep Talk 则会通过"好,我试试看""一定可以"这样含有积极情绪的话语,塑造听话者勇于挑战的心态。

执念3: "没有否定就没有成长"

每个人都会失误,都有不足之处。如果只是一味愤怒地斥责别人的不是,对方不但无法接受,还会丧失干劲。当然,对方也可能会因为害怕而选择勉强去做。

将失误和不足视为改善点和成长点,只要从"……不行""……没做好"这样的打击话语转变为"这里做得很好，如果这样做会更好"的话语，对方就能以积极的心态倾听和接受。

对于很多人来说，改变说话方式的最大障碍在于"现在才改变，太难堪了"的想法。

以往对公司下属疾言厉色，对妻子也没有说过"谢谢"的人，在做出改变前大多会想："太难为情了，我要是突然改变说话方式，不知道他们会怎么看待我。现在已经改变不了了。"

但真正难堪的，或许是想改变却不去改变，一直维持现状的态度。每个人要改变，都需要勇气。当你放下所谓的在别人眼中的范儿时，你才会变成真正有范儿的人。

我建议这样的人把自己的想法公之于众。不妨这样说："我接触了 Pep Talk，所以想改变自己的说话方式，变得更加积极向上。说不定有时我还会不小心使用负面语言，如果到那个时候，希望大家能给予我温暖的支持与守护。"

你一定可以的！

"Pep Talk" 与 "Ppe Talk"

日本 Pep Talk 推广协会将 Pep Talk 做了如下定义：

· 使用积极正面的语言

· 接受对方的现状

· 指向目标

· 简短易懂

· 激发别人干劲的语言

正因为我们对对方充满期望，才会使用违背自己意志的语言。

以前我在大学滑雪部指导后辈的时候，总是想用下面这样的话来激发后辈的干劲：

喂，佐藤。我跟你说了让你这样滑过来。你没有按照我说的滑，腰的朝向不对，还滑偏了，才有了刚才那个糟糕的转弯。为什么不好好按照我说的去做？为什么做不到？你还想不想练？我已经提醒过你很多次了。让我一遍又一遍地说很累。下次你再不按要求滑，我不会再指导你了。快去，再滑一遍！

你可能会觉得这不是一种激励，但对于我来说，这已经是我使出浑身解数在激励对方了。

"指出对方的不足之处""责怪对方为什么不做，为什么做不到""威胁说如果不做就不管了"，我试图以这种方式激励对方。

佐藤萎靡不振，无精打采地坐上滑雪缆车，在滑出之前，他这样想道："如果我再失败的话，一定又会被前辈狠狠地训斥吧……"

于是，想象中的失败变成了现实，果然被前辈狠狠地训斥了一顿。

像这样，虽然对对方有所期待，但无法将心意如实地传达给对方的语言，我们把它命名为"Ppe Talk"，其发音正好是倒过来说"pep"。

Ppe Talk 就是所谓的说教、命令。

· 使用消极负面的语言

· 嘴上说是为了对方好

· 无视目标

· 没完没了

· 让人丧失干劲

　　我猜想，现在正在读这本书的你，也一定有过使用或被使用 Ppe Talk 的经历吧。

　　Ppe Talk 的可怕之处在于，使用者本人完全意识不到问题所在。当然，有人有时候也会觉得自己的话说过了头，但绝大多数时候意识不到自己在使用负面语言。

　　Ppe Talk 的特征在于，容易把箭头指向自己。话说着说着，自己就热血沸腾起来，认为自己这么热心地为对方着想，可是对方却什么也不做，或做不到，明明自己也很辛苦啊，总希望能够得到对方哪怕一点点的认同。也就是说，在自己的认同需求没有得到满足时，往往会使用消极的语言。

　　在通往成为 Pep Talker 的道路上，需要的是自己满足自己的认同需求，而不是依靠他人来满足。同时，还需要做有益于他人的事，以满足自己对他人的贡献需求。

语言可以塑造团队

由两人及以上成员组成的团队，比如部门、组织、班级、家庭等，只要观察一下组成团队的领导和成员们使用的语言，就能知道他们是一个怎样的团队。

为什么这么说呢？因为语言能够塑造团队。

我在本章开头提到了旗之台俱乐部的故事，如果当初作为领导的主教练和教练员们使用的语言是 Ppe Talk 的话，那么作为成员的孩子们所使用的也会是 Ppe Talk。然而，随着主教练和教练员们将说话方式改为 Pep Talk，孩子们使用的语言也变成了 Pep Talk。

如果你是家庭、同伴、团队、组织的领导的话……

你以往使用的语言塑造了团队

你今后使用的语言将塑造团队

↓

受到你的语言影响的成员以往所使用的语言也是团队塑造的

受到你的语言影响的成员今后会使用的语言也将由团队塑造

↓

领导使用的语言能培养成员

成员使用的语言能培养领导

↓

你以往使用的语言培养了现在的你

你今后使用的语言将培养未来的你

　　成员是饱含可能性的土地，在这片土地上播撒什么样的语言之籽，结出什么样的果实，取决于领导者的说话方式。

语言的力量改变了团队

在这里，我想分享一个Pep Talk改变了团队的真实故事。这个故事也证实了语言能够改变周围的环境。

K先生是东京一家IT服务公司制作营销部的部长。他入职时，公司只有8名员工。该公司以上市为目标，成长非常迅速，现有员工30人。公司的工作流程是，营业部接收订单，之后由市场部负责策划，制作部负责设计，最后开发部的工程师进行编程。

公司成长迅速，员工人数不断增加，但由于沟通不畅，部门之间开始出现互相推卸责任的现象。

开发部具有匠人气质的工程师们埋怨营业部不断接收乱七八糟的订单，而市场部又不考虑是否可行，擅自策划新的宣传活动。对此，工程师们表示只想制作令自己满意的产品……部门之间出现了对立、互相掣肘的情况，甚至出现了希望其他部门统统栽跟头，等着看笑话的工作状态。

因为不能得罪这些匠人气质的工程师，公司内部需要部门间协作时的交流用语变得特别客套。公司的业绩蒸蒸日上，但内部氛围却极为冷漠。

K 先生原本是一个会不自觉地使用负面语言的 Ppe Talker。他在前一份工作中有过痛苦的经历。"9·11"恐怖袭击事件导致当时的经济不景气，由他参与创办的公司的业绩也因此持续恶化。当时，K 先生训斥了一名同事，导致他陷入了抑郁状态。

幸好这名同事后来重新振作了起来，但 K 先生因为破坏公司氛围而受到指责，最终被赶出了公司。

在他回忆这些事情时，接触到了 Pep Talk。

K 先生希望能活学活用，把 Pep Talk 运用到自己的团队建设中。他认为，各个部门都带着自己的理念在工作，但是这些理念需要通过沟通进行分享。

他觉得，虽然同事们每天在一起共事的时间很长，但相互之间并不了解彼此的个性。他想打造一个成员之间能够相互理解、相互认同、彼此信任的团队……出于这样的想法，他策划了一个例会，目的在于加强团队内部的沟通和业务的交流。

刚开始，成员们也是一副"这个会议有意义吗"的怀疑表情。他决定在第一次例会开始时，使用 Pep Talk 说一番开场白。

在准备 Pep Talk 的过程中，他的脑海中浮现出"家人般的团队"这个词。

"太好了！就把'家人般的团队'作为团队口号吧！"

终于迎来了会议当天。K 先生首先对即将当众发表 Pep Talk 的自己进行了一番自我 Pep Talk。

1. 接受（接受事实）

我知道，我知道，我知道我很紧张。

2. 承认（转换理解）

那是因为我在挑战新事物，想改变过去的模式。

3. 行动（指示行为）

即使出糗或被人嘲笑也没关系。努力向眼前人传达自己的想法。

4. 激励（助推一把）

无论结果如何，都会有同伴鼓励我，都会有同伴相信这个挑战的可能性。

于是，会议在以下 Pep Talk 中拉开了帷幕。

1. 接受（接受事实）

现在，公司内部的氛围很不好，我想大家也一定觉得很压抑。

2. 承认（转换理解）

但是，这也意味着大家是真心想把工作做好。

3. 行动（指示行为）

请大家把各自的想法和发现的问题都说出来，相互沟通交流。

4. 激励（助推一把）

让我们一起打造一个家人般的团队吧。

这个由 Pep Talk 开启的例会，每一次开会的氛围都在慢慢变好。在会议的开场和结尾，K 先生都实践了 Pep Talk。

K 先生的挑战还在继续。

为了落实打造"家人般的团队"，他每次都会在会议中设置一个主题，比如，最近让自己感到高兴的事等，让团队成员们进行分享。

于是，与以前相比，成员之间闲聊的话题越来越多，比如，"我听说你最近买了一辆山地自行车。其实我也是自行车爱好者。""你女儿之前发烧了，现在好了吗？"……团队氛围发生了变化。

另外，有时还会设定一些互相赞美对方优点和贡献的主题，比如，"山田先生，我觉得你工作非常细致。""佐藤，我觉得你的笑容很好看。""渡边先生上次在编程中帮我解决了难题，真的帮了大忙。"……

刚开始，具有匠人气质的成员们略显害羞，但因为团队伙伴准确地说出了自己的用心之处，理所应当的事情却得到了伙伴们的感谢，他们感到很开心，并对自己、对工作更加有信心了。

K 先生每周一次的例会持续了一段时间后，成员们居然自发策划起每月一次的团队聚会。在团队聚会上，大家也会互相称赞彼此做出的贡献。

这一举措改变了团队。那些曾经对营业部提出的无理要求大为不满，在背后咂舌，很不情愿地干活的成员们，开始主动讨论起大家如何一起推进项目建设，如何一起协作完成工作。

团队有了坦诚协商的氛围。以前自己一个人承担的工作，现在可以分给擅长编程、设计的人去做。另外，工程师们和营业部的合作也变得顺畅了，他们还开发了新服务，进一步加速了公司的成长。

K 先生说，通过这个实践，自己也掌握了语言这个强有力的武器，增强了自己身为领导者的自信心。

他对于领导者职责的认识也发生了改变——从描绘愿景、提出目标、管理带领团队做业绩的领导形象，转变为专心营造团队氛围，致力于激发团队成员潜力的领导形象。

他还确信一点，只要用语言表达出团队成员们的贡献，团队的表现就能更上一层楼。

K 先生每天都会说这样的话来激励成员：

"○○，你真是神速啊！就这样发给开发部的△△先生吧，他一定会非常高兴的。你工作神速，真是帮了大忙啊。"

"我真的很喜欢那个玩笑，只要有你在，哪里都能充满欢笑。"

"我懂，我知道无理的规格变更要求会让人冒火，你用心良苦的部分会被破坏掉。想要打造精品的这份执着，正是你的优点啊。"

我问 K 先生，为什么他作为领导能发生这样的改变，他笑着回答道：

以前我作为领导不知道该怎么与团队成员说话，但是现在我知道了。不过，知道和实践是不一样的。的确，每个人都害怕改变。我问自己，就这样维持原状迎接未来吗？还是现在就改变？我脑海里浮现的答案是后者。蹦极时，跳出的瞬间是最可怕的，但跳出去就好了，后面总会柳暗花明的。

K 先生的挑战还在继续。

第二章

你也一起成为 Pep Talker 吧

Pep Talk 是什么

想成为 Pep Talker，就必须了解 Pep Talk 的前世今生。

我将逐一介绍 Pep Talk 的发展史、Pep Talk 的定位、成功运用 Pep Talk 的关键点。首先，让我们先从最基础的知识学起。

Pep Talk 的历史背景

在美国，主教练或教练员在体育比赛前或比赛过程中，用来激励选手的简短演讲被称为"Pep Talk"。下面，我们看一看 Pep Talk 是如何在体育赛场中诞生的。

19 世纪后半期到 20 世纪初期，大学体育开始在美国受到关注。体育运动中盛行胜利至上主义，而橄榄球是其中最热门的运动项目，也几乎成了体育运动中"为了胜利不择手段"的无法无天的地带。

弄伤对手球员，甚至危及对手生命的事频频发生。为解决这个问题，美国政府于 1905 年召集大学体育的相关人士，成立了 IAAUS（美国大学校际体育协会），它就是现在的 NCAA（美国大学体育协会）的前身。

该协会成立的目的是制定规则，保护球员的生命与安全。在制止暴力和体罚的同时，该协会也试图解决"语言暴力"和"粗俗语言"等问题。

很快，"领导者应当能力出众，说话温和"的理念，在整个美国体育界推广开来。体育运动理应成为绅士运动，领导者开始穿西装打领带，也是从这个时候开始的。

1920 年，PepTalk 一词出现在《兰登书屋英语大词典》中。之后，该词被广泛使用。

20 世纪 70 年代，有一个人被称为"大神级"Pep Talker。他就是阿拉巴马大学橄榄球队的主教练贝尔·布莱恩特。

在网上搜索一下就会发现，他的 40 多年前的 Pep Talk 视频，居然被上传在各大网站上，这一点着实令人吃惊。许多电视广告也用了布莱恩特的视频，他的 Pep Talk 征服了无数人。

体育电影中的 Pep Talk 受到关注，是始于 1940 年上映的讲述大学橄榄球的电影《克努特·罗克尼》（*Knute Rockne All American*）。扮演教练的是著名演员帕特·奥布莱恩，扮演运动员的竟然是年轻时的罗纳德·里根（美国前总统）。这部电影的经典台词"去替 GiPper 赢一球"，在里根总统的竞选演说中，以及前总统布什对里根的追悼演说中，都被用到了。

其后，美国电影中的传奇 Pep Talk 出现在电影《冰上奇迹》（*Miracle*）中。著名演员库尔特·拉塞尔倾情演绎了 1980 年盐湖城冬奥会上美国冰球国家队主教练赫伯·布鲁克斯所说的 Pep Talk。

Pep Talk 的精髓

竞技体育追求成绩，而教练的指导方式会极大地左右运动员的成绩。运动员为了赢得胜利，锻炼身心、磨炼技能，而教练则需要打磨话术。

比赛，是运动员发挥最佳表现的关键时刻。就拿美式橄榄球来说，常规赛有 16 场，联赛有 162 场之多，是名副其实的重要比赛。

为了赢得比赛，教练要善于运用语言的力量。在日常训练中，既要了解世界形势（外部情况），又要考虑球队的状况（内部情况），为激发球员们的干劲，就必须学会善用"激励话语（Motivational Talk）"。

在开赛前，教练员要说一番点燃全体成员斗志的 Pep Talk。Pep Talk 中虽然有"Talk"一词，但在集体体育运动中，一般都是一对多地进行传达，实际上其形式更接近演讲。

发表 Pep Talk 的这段时间，对于教练来说十分关键，简短的演讲里承载了一切。正因如此，选用怎样的语言，如何表达，需要反复斟酌做好准备，这是教练的重要工作。

演讲如同掌握体育技能，练习越多进步越大。所以，只要你经常反思并改善日常的演讲，积累一定的演讲次数，必定能成为一个出色的演讲者。

那么，要想成为最出色的 Pep Talker，还需要打磨哪些能力呢？主要有以下 4 种能力：

①支持能力

②把握能力

③判断能力

④传达能力

①支持能力

首先，要与对方分享梦想与目标，相信对方的可能性，拥有一起并肩前行的觉悟以及支持对方的能力。与对方构建良好的关系，让对方想要被你支持也很重要。

②把握能力

把握对方的处境、心态，以及对方正面临何种问题的能力。因此，要有感同身受的倾听能力，启发对方思考和发现的提问能力，体察对方心境的权衡能力。

在面向PTA(家长、教师联合会)的演讲中，有人向我提问："我孩子说'你让我加油，我反而提不起劲'，这可怎么办才好呢？"我回答道："你可以直接问孩子，你希望我怎么说好？"

有时被说者可能希望你什么也不要说。在这种情况下，你要察言观色，或许只要说一句"我在你身边"就可以了。

总之，重点在于Pep Talk所选用的话语，正好是对方想听的。

③判断能力

为了实现梦想和目标，根据对方的状况，准确判断其现在需要什么，并让其找到前进方向的能力。

如果对方是"自认为已经很努力，但实际上并没有行动的类型"，就需要鼓励对方积极行动起来；如果对方是"自认为不是很努力，但实际上过于努力的类型"，就需要敏锐地分辨出是否需要慰劳对方，帮他踩踩刹车减减速。

④传达能力

关键时刻，传达能力极为重要。传达能力是指选用何种言辞，如何传达给对方的能力。

要想打动对方，激发其干劲，就需要在平时的沟通交流中多多留意成员们对各种话语产生的反应。多想想自己有什么能激发成员和团队斗志的口头禅和金句。

在信息收集的基础上，思考选取哪些词语，采用何种叙事结构进行表达，这才是最有效、最浅显易懂的属于自己的 Pep Talk。整个过程需要反复推敲和打磨。

Pep Talker 需要掌握的理论背景

Pep Talk 具有人际沟通学方面的多种理论背景。想要更深入地了解 Pep Talk，就有必要知道 Pep Talk 的发展史。

Pep Talk 源自多种多样的沟通交际法。下面，我就来解说一下。

1. 关于人际关系重要性的基础理论

【融洽（rapport）】构筑信赖与被信赖的关系

在《大辞林》[1] 中，融洽被定义为"相互之间关系密切和谐的状态。可以坦诚交流的关系"。融洽是"相互信赖的状态"，是人际关系的根基。为了构建融洽的关系，需要对对方怀有诚意、好意、敬意和同理心等。具体表现在以下行为中：

---

1 日本三省堂株式会社出版的国语兼百科词典。——译者注

打招呼	尊敬
称赞	认同
感兴趣	示好
赞同	有共鸣（同感）
反应快	频繁接触

最为关键的是：

说声谢谢	表达谢意

相反，破坏融洽关系的行为有：

忽视	轻视	只谈自己
批评	否定	表示敌意
撒谎	欺骗	反应慢

以上这些都是不好的行为。而最容易破坏关系的行为是：

背后说人坏话

这是因为，背后说人的坏话一定会传到那个人的耳朵里。同样一句话，出自不同人的口，带来的结果也不同。正因为听者与说者能相互信赖，Pep Talk 才有打动对方心灵的作用。

2. 关于传达能力的基础理论

【安抚（stroke）】激发对方的干劲

在人际沟通学中，把给对方留下的印象称为安抚。给人留下美好印象的待人接物称为"正面安抚"，给人留下不愉快印象的则称为"负面安抚"。

在服务行业，笑容可掬、礼貌周到地接待顾客是一种正面安抚。但在体育界和残酷的商界，能激发对方干劲的沟通方式才是正面安抚。

正面安抚不仅限于温柔和善的沟通方式，干劲十足、严肃认真的沟通方式也能让大家受到鼓舞、情绪高涨。总之，这就类似于"骚扰"，重要的是听话人会如何感受。

【梅拉宾法则】让谈话内容和外表保持一致

梅拉宾法则指的是，当发出矛盾的信息时（例如，微笑着说"太糟糕了！"），依据什么来判断谈话的可信度。该法则包含以下三个重要因素：

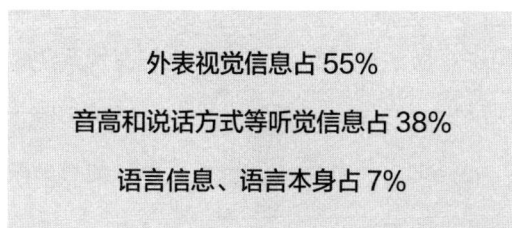

外表视觉信息占 55%

音高和说话方式等听觉信息占 38%

语言信息、语言本身占 7%

这是一条非常重要的法则，无论是在指导他人的时候，还是在发表 Pep Talk 的时候，听话人能在多大程度上感受到说话人是认真的，这条法则能指导我们进行反思。比如，当你必须批评一个人的时候，如果你嘿嘿地笑着批评的话，即使语言措辞恰当，听话人也可能会从你的外表上判断"你不是真的在批评"。

"言行一致"的本意是"语言和行动一致，没有矛盾"。但谈话内容和表情、姿势等外在行为保持一致，也很重要。

在脑科学中，"传达"不仅指以语言为中介的传递，比如：写字、朗读、做手势等。当我们想要向他人表达什么时，大脑中的传达系统区域就会被激活使用。

当我们运用语言进行表达时，掌管逻辑的左脑传达系统区域会被激活，而当我们通过联想或动作等非语言手段进行表达时，右脑的传达系统区域就会产生反应。

在说话人表达的同时，听话人的大脑也在高速运转。语言信息进入听觉系统，通过理解系统传递到大脑皮层运动区。而通过动作等进行做法展示时，视觉系统与理解系统相连接，然后通过自己的过滤器向运动区发出指令，以再现刚才的动作。也就是说，通过语言信息、听觉信息与视觉信息的协同合作表达自己的想法极为重要。

【拟声拟态词（onomatopoeia）】刺激五官激发想象

拟声拟态词在法语中是指"拟音词、拟声词、拟态词"。

日语中含有大量的拟声拟态词，比如"闪闪发光（kirakira）""心咚咚跳（dokidoki）""欢欣雀跃（wakuwaku）""模模糊糊（moyamoya）"等，数量达5000 个之多。在日常语言表达中运用拟声拟态词，能更形象地传情达意。所以，将"酥软 Q 弹（mochito）""激辣（pirikara）"等拟声拟态词用作商品名的食品也越来越多。

大脑分为"逻辑脑"和"感性脑"。据研究显示，比起只使用逻辑性的语言，在描述人体的感觉时加入拟声拟态词，大脑被激活的程度会更高，也更容易激发想象力。

不管是哪种大脑类型，把"令人心悦诚服"的逻辑性说明和能够涌现"清晰形象"的拟声拟态词相结合，就能大大提升传达能力。

3. 关于想象的重要性的基础理论

【物质想象力】释放想象力的能量

有人问我："让一个从来没有赢过的球员想象获胜的场景，应该做不到吧？"法国哲学家巴什拉博士在 80 年前就曾说过，人的想象力有两种：

> 从自己经历的过去中有意识地开展想象的"形式想象"
>
> 从没有经验的无意识中开展想象的"物质想象"

"形式想象"停留在常识范围内，而"物质想象"则能颠覆常识，被认为具有创造出迄今为止谁也没见过的"物"的力量。

有一种说法认为，与有过获胜经历的选手相比，没有获胜经历的选手对获胜场景的想象更加丰富多彩。"赢的时候该有多棒啊！"他们可以自由地对梦想中的世界展遐想。

正因为没有经历过，想象成功的场景才更令人兴奋。当你释放自己的想象力时，大脑就会分泌幸福荷尔蒙，你就能进一步靠近自己的梦想和目标。

【心理控制术】打开自动成功机制的开关

心理控制术是指，大脑和意识向目标迈进的自动成功机制。马尔茨博士在 1960 年出版的《心理控制术》（*Psycho-Cybernetics*）一书中，阐明了自我意象会对人生产生巨大的影响。

一般来说，人们认为人和动物最大的区别在于，人拥有语言这一工具，具有"社会性"。然而，马尔茨博士聚焦"成功本能"，以此说明人与动物的区别。

动物天生就有为了生存的成功本能，这是写在基因里的。候鸟迁徙，但它们出发时，其实对目的地一无所知。

而人有着复杂的成功本能，自己为自己设定目标，在反复试错的过程中朝着成功迈进。人类可以朝着自己描绘的成功目标奋力前行。

"我一定行！没关系。"如果你一边想象成功的样子一边奋斗的话，通往成功的自动感应装置开关就会被打开。心灵机制开始启动，并试图实现你所描绘的样子。如果你执意认为"反正不可能，我做不到。"你的内心就会误以为这是你所希望的样子。

指导者有必要利用这些人性的特点，去改写成员的意象。

4. 关于执念的基础理论

【皮格马利翁效应（Pygmalion Effect）】相信对方能行

皮格马利翁效应是一种心理效应，指的是我们往往会成为别人期待的样子。1964 年，美国教育心理学家罗森塔尔的实验证实了这一点。

当老师先入为主地认定"这些孩子一定会优秀起来"时，孩子们没有辜负老师的期待，不断成长。相反，当老师固执地认为"这些孩子不行"时，孩子们的成绩下降了。这被命名为戈莱姆效应（Golem Effect）。

"如果我们相信眼前人一定会好起来，这份自己内心的正能量就能顺利地传递给对方吗？"在一次演讲中，我热血沸腾地说了这一番话，一位听了演讲的医生对我说："这从量子力学上来说也是有可能的。情绪积极乐观的时候和情绪强烈消极的时候，生物体内分子的运动情况是不一样的，这点都无须验证。"

现在，已经禁止对产生戈莱姆效应的孩子们进行追踪调查，也禁止了实验验证。反过来说，这恰好证明了"皮格马利翁效应"是存在的。

由此可见，与别人说话时，相信"人一定会变好"是很重要的。

【环境基因迷因】创造积极的环境

环境基因迷因是理查德·道金斯（Richard Dawkins）博士在 1976 年提出的概念，指的是"在人与人之间，从一个大脑复制到另一个大脑的信息"。它是形成文化的信息，具体是指习惯、技能、故事等在人与人之间传递的信息。通过口传、模仿或单纯因为流行而被他人复制，并作为"理所当然"的事情传播开来。

周围的人开朗，自己就会开朗，周围的人严厉，自己就会严厉，这成为理所当然的事情。在体育界，曾经在严苛的环境中培养出来的选手们，在成为主教练或教练员后，他们也会使用严厉的语言进行指导，就像当初自己所经历的那样。

之所以有今天的自己，是因为受过严苛的训练，所以自己也必须这样指导。他们被这样的观念所束缚，一旦力道过了头，就会变成骚扰，并引发骚扰的连锁反应。然而时代已经变了，不允许暴力和谩骂。

想改变充满执念的环境，需要长年累月的不懈努力。口传形成的执念，是经过漫长的岁月构建起来的，唯有"语言的力量"能够改写并打破这种执念。

【范式转换】改写执念

在史蒂芬·柯维（Stephen R.Covey）的畅销书《高效能人士的七个习惯》中，范式被理解为"对事物的看法"。这是一种"思维方式"，是观察世间事物的标准。人们都拥有一种范式，它是决定自我行动和态度的源泉。

"人生在世，如果没能过上自己想要的生活，那是不是自己的范式出了问题？如果是，何不转换一下自己的范式？"

这就是范式转换的思维方式。

"你不能改变别人和过去，但可以改变自己和未来。"这是加拿大精神科医生艾瑞克·伯恩（Eric Berne）博士的名言，他提倡的正是转换自己的范式。

假设有一个人把"紧张"视为消极的态度，那这个人的范式就会是"紧张就会不顺利""紧张不好"。确实，人如果过于紧张、兴奋，头脑就会一片空白，动作也会变得僵硬，无法发挥出良好的表现。

相反的，人如果过于放松，也会因为注意力分散而出现失误，无法发挥出良好的表现。也就是说，一个人如果认同"适度的紧张有利于发挥良好的表现"这种说法，他就会发生范式转换，转而认为："原来如此，紧张并不是坏事，我需要适度的紧张，就让紧张助我一臂之力吧！"

什么是 Pep Talk 周期

在美国体育界，身为领导者的主教练和教练员会根据不同的目的和时机，选用不同的语言。我们把这种语言的使用方式称为 Pep Talk 周期。Pep Talk 周期由以下三部分构成：

1. 赛前的"目标 Pep Talk"

2. 赛后的"比赛后 Talk"

3. 平时练习中的"激励 Talk"

开赛前，通过目标 Pep Talk，用积极的话语给选手们打气助威。比赛结束后，不管结果是好是坏，通过比赛后 Talk 分享"改善点"。在平时的练习中，加强对改善点的训练，通过激励 Talk，促进队员成长，帮助他们为下一个目标做好准备。

【 Pep Talk 周期 】

1. 目标 Pep Talk

【目的】

· 为成员塑造积极的心态，让他们发挥出 100% 的实力

【要点】

· 使用积极话语描绘成功时的情景

· 使用简短易懂的语言进行表达

· 站在成员的立场上说出他们最想听的话

· 点燃成员干劲的赤诚之心

2. 比赛后 Talk

【目的】

· 找出改善点，让成员变得更强

【要点】

· 富有激情且冷静、准确的分析能力

· 使用成员能接受的语言进行表达

· 真诚地接受优、缺点

· 有时也需要负面表达

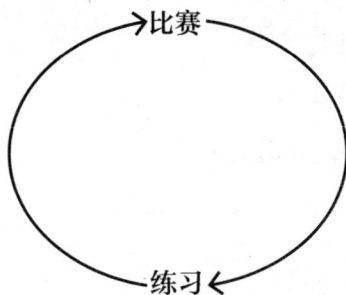

比赛

练习

3. 激励 Talk

【目的】

· 在保持训练动力的同时克服存在的问题

【要点】

· 有效表达，使成员理解训练目的并获得认同

· 准确地使用语言表达该做什么、做多少、怎么做

· 与成员建立信赖关系

· 有时也需要负面表达

1. 目标 Pep Talk

目标 Pep Talk 是指，在比赛前的更衣室里，激励紧张得身体发抖的选手们全力以赴打比赛的简短演讲。这也是本书的主题，即 Pep Talk。这是一场惊心动魄的演讲，它凝聚了能让选手们在上场前夕瞬间点燃干劲的能量。

【目的】

· 为成员塑造积极的心态，让他们发挥出 100% 的实力

【要点】

· 使用积极话语描绘成功时的场景

· 使用简短易懂的语言进行表达

· 站在成员的立场上说出他们最想听的话

· 点燃成员干劲的赤诚之心

2. 比赛后 Talk

在体育界，有时有必要使用负面语言，尤其在比赛结束后，而这时的讲话即为"比赛后 Talk"。比赛结束后，选手们需要诚实地接受自己的"优点"和"缺点"，所以，教练也会使用负面语言进行指导。为何如此？比赛刚刚结束之时，正是队员能够切身体会到自己不对、不足和今后改善点的好时机。

"不足之处即为改善点"，这不仅在输掉比赛的时候能够找到，在赢得比赛的时候也能找到——这便是"好是好"，但"能做得更好"的改善点。

输掉比赛会让人感到不甘心，队员和教练可能因此变得不太理性。但是，趁着这股热劲还没过去，需要尽可能地思考"为了下次比赛，需要吸取什么经验教训"，在接受"失败和失误"的同时，对比赛结果做出恰当的评价。明确了现在所处的位置，就能清晰地看到未来能做得更好的点。

如果队员故意违背指示导致失误，就必须进行批评教育。一旦出现失误，就要挖掘问题出现的根本原因。在此基础上，明确说明为了不重蹈覆辙需要做什么，从这些失误中学到了什么，今后该如何成长，这就是比赛后Talk能够发挥的重要作用。

【目的】

·找出改善点，让成员变得更强

【要点】

·激情且冷静、准确的分析能力

·使用成员能接受的语言进行表达

·真诚地接受优、缺点

·有时也需要负面表达

3. 激励 Talk

激励 Talk 是为了提高队员对训练目的的认识，唤起他们的干劲，在训练开始前做的简短演讲。在体育运动的现场，训练前有一个"集合"，主教练和教练员会做一段发言，有时候领导和队长也会发言。发言时，要通俗易懂地说明当天训练的具体内容和训练目的，以便克服通过比赛发现的"改善点"，即面临的问题。

庆应大学橄榄球队的前教练、长年担任富士电视台体育节目主播的上田昭夫先生，在其著作《王者的复活》中写道："今后，给予清晰的解释说明将变得非常重要。"

也就是说，"需要清楚地说明训练的目的，即为什么要做，得到成员们的理解和支持，然后明确做什么、做多少"，这是教练的职责。在禁止体罚和滥用职权的情况下，上田先生认为"教练的说服力"极为重要，今后将成为越来越不可或缺的技能。

为了在有限的时间内更高效地取得成绩，每个人都需要理解训练目的，掌握正确的技术。为此，必须重视每一次的重复练习，并进行科学训练以增强体能。

漫无目的的投篮练习哪怕重复 1 万次，漫不经心的接球练习哪怕达到上千次，跑姿不佳的运动员哪怕跑得再多，也不会有进步。因为，不断重复不正确的方法，身体会形成肌肉记忆。

此外，选手们要反复进行"训练→比赛→训练→比赛"，训练的时间比比赛的时间长得多。正因如此，必须要构建和谐、融洽的团队，只有这样，团队成员才能共同描绘比赛获胜的美景，并为此进行合理的心态、体能和技术的训练，共同经受住严酷的训练。

为此，教练们在日常指导时该使用什么样的语言，以及谁对什么样的语言会有怎样的反应，针对每一名选手，都需要做到准确把握。

【目的】

· 在保持训练动力的同时克服存在的问题

【要点】

· 有效表达，使成员理解训练目的并获得认同

· 准确地使用语言表达该做什么、做多少、怎么做

· 与成员建立信赖关系

· 有时也需要负面表达

Pep Talk 成功的关键点

Pep Talk 往往被视为一种话术，但它具有点燃干劲，打动人心的力量。人被称为感情动物，那么，如果要让人动情，需要什么条件呢？让我们来看看 Pep Talk 成功的三个关键点：

> 1. 谁来说
> 2. 说什么
> 3. 怎么说

1. 谁来说

假设你正在为一件事做还是不做，或不知道该怎么做而发愁，这时，有人鼓励道："没问题，你一定行！"在这样的情景下，如果这个人正好是某某人，你可能会情不自禁地说："我做！"想必你也经历过这种情况吧。相反，也有一些人，不管别人怎么说，就是无动于衷。

也就是说，尽管说的话从字面上看完全相同，但说话的人不同，效果也就不同。对于我们想鼓励的那个人而言，我们在对方心中是一个怎样的存在呢？

2. 说什么

这就好比剧本。为了打动观众，剧本就要下功夫好好打磨。不要说我们自己想说的话，而要说对方最希望我们说的话。

我们要接受对方所处的状况和情感状态，为对方提供看待和理解事物的新角度，让对方重视现在已有的东西，告知对方现在最应该采取的行为，真心诚意地选择鼓励的话语。

此外，我们也要预测对方的情感会如何变化，并在此基础上编排剧本。举个例子，假如我们希望对方的情感状态由 Pep Talk 前的"紧张"转变为 Pep Talk 后的"充满干劲"，我们自然就能知道该以什么顺序说什么话了。

3. 怎么说

在鼓励对方的时候，如何表达也很重要。要想打动对方，拨动对方的心弦，Pep Talker 自己要先动情。

此时，Pep Talker 所处的情感状态很重要。要最大限度地表达出看到对方时所产生的情感（爱、自由、感谢、干劲、自信、积极、信任、温柔、希望、乐观等）。

情感状态不同，表情、姿势、动作等身体反应也会不同，声音的大小、音高，表达时的抑扬顿挫，都会影响现场的氛围。

成为 Pep Talker 的 4 个学习要点

接下来，我们学习一下成为 Pep Talker 需要掌握的 4 个要点。

日本 Pep Talk 推广协会将 Pep Talk 系统化后，总结出以下 4 个要点：

> 1. 积极话语
>
> 2. 自我 Pep Talk
>
> 3. 目标 Pep Talk
>
> 4. 视觉 Pep Talk

1. 积极话语（将在第 3 章详细学习）

"积极话语"是指积极、正面的语言，是所有 Pep Talk 的根基，是一个词、一句话就能让对方振作精神，并能激发对方干劲的积极语言。

要掌握积极话语，需要两种技巧：

①**理解方式的转换**。把对事物的看法、理解方式，转换为积极正面的方向。

> （示例）易怒→热情；
>
> 　　　　难→有做的价值；
>
> 　　　　做不到→有成长空间
>
> 　　　　……

②**指示行为的转换**。告知对方该如何行事时，从"否定形 + 不希望对方做的事"转换为"希望对方做的事"的积极表达。

> （示例）不要迟到→要预留好时间；
>
> 　　　　不要输→竭尽全力
>
> 　　　　……

2. 自我 Pep Talk（将在第 4 章详细学习）

这是激励自我的 Pep Talk。在心里喃喃自语或出声给自己打气，干劲就能被激发出来，并能让自己精神抖擞。

自我 Pep Talk 既有日本人钟爱的 337 节拍的"337 Pep Talk",也有与川柳平稳的节奏相同的"575 Pep Talk"。除此之外,还有大家自己喜欢的一句话、谚语、座右铭等。

> (示例)做得到,做得到,一定能够做得到!(337 Pep Talk)
>
> 尽情体会吧,语言的神秘力量,无穷无尽大!(575 Pep Talk)
>
> 最强!最棒!!最发光!!!(口号)

3. 目标 Pep Talk(将在第 5 章详细学习)

平时我们所说的 Pep Talk 就是指目标 Pep Talk。体育比赛开赛前,教练在更衣室里说的 Pep Talk 就属于此类。

目标 Pep Talk 是激励对方勇于挑战的 Pep Talk。以下是我们对 1000 部以上美国体育电影中出现的 Pep Talk 进行分析后得出的、能够激发他人干劲的话语模型,它由 4 个步骤组成:

> 1. 接受(接受事实)
>
> 2. 承认(转换理解)
>
> 3. 行动(指示行为)
>
> 4. 激励(助推一把)

其实，原本的目标 Pep Talk 有 7 个步骤。我们可以根据情况区分使用 4 个步骤的和 7 个步骤的 Pep Talk。

4. 视觉 Pep Talk（将在第 6 章详细学习）

这是一种在由不同背景的人聚集的场合中，能紧紧抓住听众的心的 Pep Talk。它通过讲述感人的故事，将说话者想要传达的理念印刻在听众心里。视觉 Pep Talk 同样由 4 个步骤组成：

> 1. 开场（铺垫）
>
> 2. 发展（尝试＆错误）
>
> 3. 感动（高潮）
>
> 4. 激励（升华）

幼儿园的"Pep Talk 实践园"挑战

这是一个领导者将 Pep Talk 系统地运用到教育一线，推动组织变革的故事。

栃木县足利市的山前幼儿园是一家以"创造日本光明的未来，从孩子开始"为办学理念，拥有 140 名学生和 30 名老师的幼儿园。

在樱花树环绕的宽阔幼儿园庭院里，孩子们经常在那里活动身体，尽情玩耍。3 岁以上的孩子，以"跑、读、唱"为主。面对 0 岁至 2 岁的孩子，幼儿园重点关注孩子们所处的发展阶段，致力于培养他们的自立能力。

园长藤生义仁先生的座右铭是："只要干，就能成！"他是一个充满激情的教育者。虽然他早就意识到语言的重要性，但在每天忙碌的工作中，他只注意到了老师们的缺点，并经常厉声斥责他们"没有笑容""声音太小"……有时，藤生园长为了不让老师们泄气，一犹豫就错失了指出问题的良机，导致没能很好地激发老师们的干劲。

幼儿园为老师们制定了"使用积极话语"的目标。但语言表达是个比较抽象的事情，到最后，园内各种标准的"积极话语"（出于好意而说的话）满天飞。比如，有给人施压的话："加油，不要失败啊！"有通过与他人比较来激发干劲的话："那个人都能做到，你绝对能行。"

也有老师为此情绪低落，抱怨道："太严格了……"这种状态持续了好一段时间，老师办公室的气氛变得特别沉重，很多人都不想踏进办公室的大门。

老师们也会不自觉地对学生们说出一些负面的话："就因为你磨磨蹭蹭的，才会尿裤子。""再不快点，就不能在外面玩了。""你要是听不明白老师的话，就带你去上小班。"……

尽管幼儿园设定了"培育孩子们的美好心灵"这一目标，事实上，非但没有起到培育的作用，反而让学生们萎靡不振。禁止、命令的话语不绝于耳，"不要在走廊里跑！""太危险了，不能玩！""你为什么要那样做！"……

整个幼儿园的状态非常不好，甚至学生们会看老师的脸色说话行事。

"大家都很努力，但是努力的方向好像有问题……"藤生先生自己也在摸索解决对策。幼儿活动研究会株式会社、日本经营教育研究所的教育顾问、日本 Pep Talk 推广协会讲师仓部雄大先生建议道："我们一起磨炼能够激发孩子干劲的语言能力，怎么样？"

一开始，老师们也搞不清楚状况，半信半疑地参加了研修。

· **为什么积极的表达方式有效？**
· **为什么消极的表达方式没有好处？**
· **语言对学前儿童会产生怎样的影响？**

幼儿园的老师们学习了基于脑科学与心理学的理论知识和具体的说话方式后，思维方式发生了巨大改变。藤生园长自己更是下定决心，认识到身为领导者，要更加深入地学习，并立志一定要打造一所充满 Pep Talk 的幼儿园！要用 Pep Talk 改变整个幼儿教育行业！

就这样，藤生园长和仓部讲师的挑战开始了。

藤生园长为了改变山前幼儿园以及整个行业的风气，在仓部讲师的建议下，设立了"Pep Talk 实践幼儿园"制度，山前幼儿园成为"1 号实践园"。

笔者以前也在学校举办过 Pep Talk 的演讲和培训，但大多数情况下，对象只有老师、家长或者孩子这样的单一人群。

这种形式的演讲或培训的作用并不大，比如，孩子们学习了 Pep Talk，但老师和家长并不知道 Pep Talk，以致出现过孩子们因使用 Pep Talk 而心力交瘁的情况。要进行真正意义上的改革，就需要"老师""家长""学生"三方都能切实感受到语言的力量，并乐于实践 Pep Talk。

为此，藤生园长作为领导，在遵循实践幼儿园的课程设置要求的前提下，对三方该如何实践 Pep Talk 展开了思考。

1. 面向孩子们（大班孩子）的 Pep 培养

以大班的孩子为对象，以培养 Pep 为主题，每年开设 6 次课程，主要由仓部讲师为孩子们授课。

2. 面向幼儿园老师的 Pep 培训

为了让幼儿园内随处可以听到 Pep Talk，首先要对老师们进行培训，让他们成为孩子们的榜样。

3. 面向家长的 Pep 演讲会

家庭内使用的语言会直接影响孩子们使用的语言，所以，需要分别面向大班、中班和小班的家长举办 Pep 演讲会。

4. 实施 Pep 卡片

"Pep Talk 实践幼儿园"的实施要点就是制作"Pep 卡"（老师、孩子、家长使用积极话语相互鼓励的卡片）。

在不断进行"Pep Talk 实践幼儿园"的努力过程中，变化逐渐显现了。

即便幼儿园老师的用语有不妥之处，藤生园长也能变换角度看待问题，并将这些"不妥之处"视为"增长点"。通过将"可惜之处、不足之处"看待成"个人的增长点"的转换，藤生园长明显意识到自己要改变说话的顺序，即按照"首先认可对方的优点和做得好的地方，然后改变思维角度，提出不同的建议，最后激励对方加油干"的顺序开展谈话。具体他是这样说的。

1. 接受（接受事实）

你刚才给孩子们做说明时的顺序非常好，已经顺利多了。

2. 承认（转换理解）

下一步可以稍微注意一下说话时的措辞。如果别人对你说"你快做××"你会怎么想呢？无论是大人还是孩子，都更喜欢温柔的说话方式吧，你觉得呢？

3. 行动（指示行为）

所以，下次你可以这样说："我们来做 ×× 吧！"

4. 激励（助推一把）

明天我们就尝试一下吧！

当藤生园长对幼儿园老师们说过这样一番话后，老师们的用语不断发生改变。

老师之间也开始积极使用 Pep Talk，团队合作变得更加融洽，幼儿园内"谢谢"的声音也越来越多。谈话结束时说声"谢谢"，会给人不同的印象，能让人的心情变得明朗。幼儿园的职场氛围变得更加开放，大家能友善地表达不同的观点了。

不仅如此，老师们开始表现出强烈的主人翁意识，主动地考虑幼儿园的事情。大家通过讨论"这项工作的意义是什么"，做到了保留有意义的、有价值的工作方式，改变或放弃不知道为何要做的、效率低的工作方式。这样一来，工作效率也得到了提高。

同时，老师们的加班时间减少了，没有例行活动的时候，都可以按时下班回家。此外，休产假和育儿假的人数也开始增加，结婚生子后重返工作岗位的员工也在增加。

面向幼儿园老师的 Pep 培训

全体研修	每年一次，正式员工和兼职员工都要参加。
第1次 导入	围绕 Pep 和 Ppe 进行讲解。
第2~4次 小组讨论	因不会翻单杠而急哭的学生 A 是什么心情呢？ 跟他说什么话，他才能破涕为笑？ 像这样，每次设定一个主题，就该主题开展小组讨论，并汇报讨论内容。
第5次 写一封 Pep 书信	让即将从幼儿园毕业的孩子们写一封"Pep 书信"，向家长表达感谢之情。 让学生们想想有哪些开心的事情，有哪些值得感恩的事情，并把这些事写进信里。
第6次 阅读书信	安排时间，让孩子们向家长阅读书信内容。这是平时难以启齿的"感谢之言"。 正因为反复进行 Pep 训练，孩子们才拥有了发现别人优点的能力。
每日反思	反思平时的用语，是重新思考语言具有强大影响力的好机会。

　　要求老师们在每天早上的班级晨会和孩子们回家前的问候语中，也要加入 Pep Talk。像"只要干，就能成""你一定行"这样的积极话语越来越多。

大班的 Z 君，给我留下了特别深刻的印象。

Z 君经常和朋友发生争执，并多次被老师提醒，班上的学生每天都会说"Z 君做了○○""Z 君说了○○"。

作为 Pep 培养的一环，幼儿园开始尝试在放学前的下午会上设置"谢谢时间"，旨在让孩子们回顾即将过去的一天，寻找朋友身上的优点并当众表达。班上的孩子们在了解了 Pep Talk 之后，慢慢发现了 Z 君身上的优点，不再只盯着他的不良行为不放。

大家评价 Z 君的正面发言逐渐增加："谢谢你对我这么温柔。""谢谢你和我一起玩。"……于是，Z 君的行为也慢慢发生了变化，慷慨地把以前占为己有的玩具让给别人，自己做错事情时，也能坦诚地说一声"对不起"。

在 Pep 培养过程中，不仅是 Z 君，班上的孩子们都找到了彼此的优点，并能用语言加以表达，大家都有了很大的成长。

还有一次，大班的学生在参加幼儿园的最后一次运动会时，作为主角的他们内心既充满期待又十分兴奋，同时也很紧张，他们的心怦怦直跳。就在这时，班主任伊藤老师说了一番点燃孩子们斗志的 Pep Talk。

1. 接受（接受事实）

今天终于迎来了大家期待已久的运动会！

2. 承认（转换理解）

和平时的练习不同，今天来了很多客人，大家可能会担心自己能不能表现好。

3. 行动（指示行为）

但是，为了今天，大家每天都在拼命努力练习呢！每个人都希望能让更多的客人看到自己努力练习的成果！

4. 激励（助推一把）

大家绝对没问题！老师也会全力支持的哦！菊花组绝对会成功的！耶耶耶，加油！！

那一刻，这个班级产生的强烈整体感，成了我脑海中永生难忘的一幕。

藤生园长向我回顾起了他的过去：

我以前对自己的用语完全没有自信，无法明确说出："这样做吧！"虽然心里会掠过一丝"这样可以吗"的不安，但还是想着"先表扬一下总没错吧",就会说"不错!""好厉害!""太好了!"但这好像只表达出了气势,并没有实质效果。

回顾以往,我深切地感受到,我以前只顾关注成员的"结果",而没有看到他们平时努力的"行为",以及他们是抱着怎样的想法在从事幼儿教育的工作,也就是说,他们在我身边,我却忽视了他们的"存在"。

接触到 Pep Talk 后,自己内心的想法发生了巨变。以前对待员工,我一直认为"他们完成工作是理所应当的",会把自己的想法强加于人,如果他们的工作没做好,我会把责任推卸到他们身上。

但是,在实践 Pep Talk 的过程中,我的想法变成了:"谢谢你们和我一起工作!凭我一己之力,幼儿园根本无法运转。正因为大家为山前幼儿园工作,我才得以开展自己的工作!"想法改变后,我对在自己身边工作的员工们的看法截然不同了。

认可员工们的存在价值后,我开始认真听取员工们的意见,与员工们坦诚相待,并能从内心与他们产生共鸣。

每当员工们在面谈时对我说:"园长为孩子们着想的心意,我们都深切感受到了。""我能在这个幼儿园工作真的太幸运了,这里的工作环境真的很好。"听到这些时,我每次都会眼眶湿润,内心无比喜悦。

我真的从心底感谢您。我今后也要把最棒的 Pep Talk——
"谢谢你"传递下去。

幼儿园、孩子、父母三方的努力

园长致员工的 Pep 卡	在每月的工资明细信封里放入 Pep 卡，表达园长的感谢之情。
员工之间的 Pep 卡	为表达每个月的感谢之情，在每个月月末举办 Pep 卡的交换会。刚开始大家新鲜感十足，感谢信写得很长。后来渐渐感到倦怠，于是进化成了"Pep 卡"。就写三行左右，可以自由写下对方努力在做的事、帮助自己的事、自己感到高兴的事，或者令自己感动的事等。写 Pep 卡最大的好处就在于，能够帮助我们寻找对方的优点。
孩子（大班孩子）致家长的 Pep 卡	这个年龄的孩子以自己能写字为荣，特别喜欢给别人写信，尤其乐意给家长写。第一次给他们讲解 Pep 卡的时候，就听到了诸如"太棒了！""好啊，好啊！""这个好玩！"的欢呼声。孩子们不费吹灰之力就写好了，当天就把信交给了家长。孩子们递信时的表情，家长接过信时的表情，就不用我多言了。
家长致孩子们的 Pep 卡	请家长给孩子的 Pep 卡写回信。有些家长羞于向孩子表达感谢，也有些家长表示很伤脑筋。但是，也有家长写了特别棒的回信。比如"谢谢你来到我们身边""因为有你，我们家充满了欢声笑语""谢谢你告诉我 Pep Talk"等。通过这个活动，孩子们的自我成就感得到了很大的提升。

测一测你的"Pep Talker 潜力度"

测试一下现在的你是否已经接近 Pep Talker。

请回答以下 20 个问题，数一下答案为 YES 的题目有几个。

你可以凭直觉进行回答。来测试一下吧。

【Pep Talker 潜力度测试清单】

□我觉得自己是个有价值的人。

□我习惯先把优点告诉对方，而不是缺点。

□即使情绪低落也能马上转换心情，并能迅速恢复。

□别人常说和我在一起心情会变好。

□我能仔细聆听别人说话。

□我非常喜欢自己。

□我说"谢谢"的次数比说"对不起"多。

□我会有意识地把负面的事情解读成正面的事情。

□我会无意识地、自然而然地鼓励对方。

□我会有意识地站在对方的立场上说话。

□我能在一分钟内说出 10 个以上自己的优点。

□我经常说"让我们做 ×× 吧"而不是"不要做 ××"。

□遇事不顺的时候也能原谅自己。

□我有真心想帮他实现梦想的人。

□我能够由衷地为别人的成功感到高兴。

□我经常自己鼓励自己。

□与其说我是感情用事，不如说是习惯热情地向对方表达自己。

□我是一个比较积极乐观的人。

□看到努力的人，就想为他加油。

□我会有意识地使用简短易懂的语言进行表达。

好了，你有多少回答是 YES 呢？

■ 20~16 个：你已经是 Pep Talker 了！愿你学习本书的内容之后，能成为一名段位更高、更出色的 Pep Talker！

■ 15~11 个：你再稍稍掌握一点技巧就能成为 Pep Talker 了！愿你实践本书的内容，成为一名出色的 Pep Talker！

■ 10 个以下：选择本书的你是幸运的。你很有潜力成为 Pep Talker。你从本书中得到的启发将极大地改变你的生活。希望你能愉快地阅读本书！

　　以上这些问题，正是我在本书中想传达的重要内容。当你读完本书，实践 Pep Talk 一个月后、三个月后，请再重新测试一遍，你的 Pep Talker 度一定会得到提升，敬请期待。

　　下一章开始，我将介绍如何实践 Pep Talk。

第三章

Pep Talk 的根基是"积极话语"

理解"积极话语"的基本理念

积极话语是指积极、正面的语言，是所有Pep Talk的根基。

日本人相信语言中蕴含着不可思议的力量。积极话语中不但蕴含着积极的力量，也能让听话的人产生愉悦的心理感受。

在这一章中，我们的目标是掌握积极话语，为日常使用的语言奠定基础。

1. 语言一变，心情随之改变

为什么我们需要改变自己正在使用的语言呢？

那是因为，语言一变，心情便会随之改变。我们的心灵、身体和语言是相连的。这是怎么回事呢？让我们来做一个实验。请你举起双手使劲向上伸直，头朝上抬起45度，露出满脸笑容。这时你的心情如何？请仔细体会。然后，试着说出下面的话：

"真是太差劲了。"

"太麻烦了，我不想干。"

你觉得怎么样？感到很别扭吧？也就是说，这种振臂高呼的姿势、满脸笑容的表情，是身体产生兴奋、愉快感情的状态，和"差劲""麻烦"这样的语言是不相称的。

为什么会感到别扭呢？因为我们从来没有在这个姿势和表情下说过这样的话，这样的姿势、表情和语言并不配套。我们通过以往的经验，已经在大脑中形成了一种记忆，即"心、体、言"在何种情况下会产生怎样的状态。

成功的时候	失败的时候
心 = 成就感·高兴	心 = 失落感·悲伤·懊悔
体 = 振臂高呼·满脸笑容	体 = 垂着肩膀低着头·阴沉着脸
言 = 太好了！太棒了！	言 = 已经不行了·太差劲了

在"心、体、言"中，你觉得最难控制的是哪一个呢？

我认为是"心"。比如，当别人突然对你说"那么，高兴起来吧"时，你的心情也无法马上欢快起来吧？不过，当别人让你做出高兴时的表情和动作时，你可以改变"身体"的状态，做出笑眯眯的表情，轻轻地挥动手臂，等等。当被问及高兴时会说什么话时，你可能会回答"好期待啊""迫不及待"之类的"语言"。

当我们笑眯眯地（身体）连续说"好期待啊"（语言）时，就会产生高兴的心情（心）。

换句话说，领导者保持良好的心态，总是"高高兴兴"的，才更有利于激发团队成员的潜力，使团队取得更好的业绩，你觉得呢？

如果领导者不高兴、烦躁不安，团队成员也会变得小心翼翼。团队成员工作时变得察言观色，想说的话不敢说，害怕失败，也就无法大胆地挑战自我。

每个人都有烦躁、情绪低落的时候，但是，在这种时候，能够按下"语言和身体"的开关，控制"心"的状态就显得尤为重要。

使用的语言不同，行为、表现也会随之改变。

比如，在举重物的时候，对自己说"绝对能举起来"和对自己说"已经不行了"，会有不同的效果。而使用积极话语会更有利于我们发挥出力量。

在演讲中，我会要求两人一组，其中一个人伸直手臂，向上抬起90度，并保持这种姿势。另一个人用力把他的手臂向下扳，两人进行力量比拼。让举着手臂的人边说"绝对能做到，谢谢"边使劲，和边说"我不行了，没力气了"边使劲，将两种情况进行比较，很多人会惊讶地发现，在第一种情况下受试者更能使得上劲。

【容易发挥力量的语言】

"绝对能行"

"谢谢"

"太棒了"

"真开心"

【难以发挥力量的语言】

"不行了"

"我累了"

"太麻烦了"

"太难了"

2. 语言一变，执念随之改变

我们每个人都有一种执念，认为"自己是某种类型的人"，并对此深信不疑，这也叫自我印象。而这种执念，有积极和消极之分。

认为自己"开朗有活力""行动力强"，这是积极的执念。相反，认为自己"运气不好""总是临阵磨枪"，则是消极的执念。

你对自己持有怎样的执念呢？请在下面符合的条目上打钩。

【积极的执念】

· 开朗   · 温柔

· 行动力强   · 乐观

· 总是有活力   · 有胆量

· 只要做，就能成   · 擅长猜拳

· 笑容很棒   · 运气好

· 主动   · 晴男[1] 晴女

· 善于社交

1 在日本，所到之处都会晴天，形容会带来好运的人。

【消极的执念】

· 阴郁

· 被动

· 没有自信

· 不擅长与人交流

· 容易紧张

· 悲观

· 关键时刻掉链子

· 不擅长猜拳

· 运气不好

· 雨男[1] 雨女

　　我也经常在演讲中让听众亲身体验积极执念与消极执念带给人的不同力量感。两个人一组，一个人把手交叉在身后，另一个人向下按压交叉的手。被按压的人如果身体能使上劲，就能保持笔直，如果使不上劲，就会失去平衡。

---

1 在日本，所到之处都会下雨，形容不会带来好运的人。

被按压者不出声，边保持平衡，边在脑海中回想"我很主动"等拥有积极执念的自己，与边回想"我在关键时会掉链子"等拥有消极执念的自己，将两次实验结果进行比较。

很多人都表示，当脑海中回想起有着积极执念时的自己的时候，更容易保持平衡。

也就是说，拥有积极执念，自己的表现会更出色。这也意味着在挑战新事物的时候，自己以一个什么样的姿态来面对是非常重要的。

那么，"自己的执念 = 自我印象"是如何形成的呢？

答案是"体验"。我们都是从体验中进行学习的。出去旅行的时候，如果经常遇到晴天的人，就容易认为自己是晴男或晴女。而抽签总是不中的人，则往往会认为自己是个运气不佳的人。

于是，可以写出这样一个等式：

执念 = 体验强度 × 体验频率

一般而言，只要有过一次强烈的体验，就会认为自己是某种类型的人。哪怕是很小的体验，只要反复体验多次，也会产生类似的执念。

那么，怎样才能保持积极的执念，使其更有利于发挥自己的实力呢?

我们可以有意识地创造一些成功体验，让自己形成积极的执念，但这并不容易。不过，我们最容易控制的一样东西就是语言。我们可以借用语言的力量来创造体验。

假设山田被人这样夸奖的话，他会发生什么变化呢?

"山田你总是笑眯眯的啊。"

"山田你的笑容真好看。"

"山田你总是笑容满面，整个办公室都明亮起来了呢，谢谢你。"

刚开始山田或许将信将疑，但不断听到别人这样夸赞自己，就会变得深信不疑。

"或许我的笑容很好看"

↓

"一定是我的笑容很好看"

↓

"我的笑容就是很好看！"

由此，山田会笑得更多，同时，被别人夸奖"笑容很好看"的频率也会增加。虽然每次听到的语言的强度很小，但多次"体验"不断累积，听话者就会产生执念。

如果被自己尊敬的上司或崇拜的前辈夸奖"你的笑容真棒"的话，体验的强度就会变大，即使频率少，也能形成执念。由此可见，"说什么"很重要，"谁来说"同样重要。

如果想让别人拥有积极的执念，对其使用"积极的语言"会非常奏效。这种方法不仅适用于别人，对自己也同样适用。如果自己也想进一步提升，就要每天对自己做语言上的鼓励。

3. 提问方式一变，干劲随之改变

问你一个问题。你现在正在拖延的事情是什么？

总有一些明知必须要做，却不知不觉拖着不做的事情，比如"整理房间""回复邮件""撰写报告""整理收据""看牙"等。此时，如果别人问你以下这些问题，你会怎么回答呢？请一一作答。

【模式 A】

①你正在拖延的事情是什么？

②你为什么一直没有做呢？

③你为什么现在不做呢？

④如果继续拖延会怎样？

⑤那你为什么不做呢？

你现在是什么心情？恐怕会被逼得走投无路，极不情愿地回答："知道了，我做不就好了吗。"

假设正在拖延的事情是整理房间。可能会出现以下的一问一答。

【模式 A】

①你正在拖延的事情是什么？

整理房间。

②你为什么一直没有做呢？

> 因为收拾起来太麻烦了……

③你为什么现在不做呢？

> 房间太乱了，很花时间。

④如果继续拖延会怎样？

> 房间会变得越来越乱。

⑤那你为什么不做呢？

> 是啊。我得收拾一下。

那么，如果你被问及如下的问题，又会怎么回答呢?

【模式 B】

①你正在拖延的事情是什么？

②你真正希望变成什么样？

③如果变成那样的话，你会是什么心情？

④已经做了一点的事情是什么？

⑤能使用的工具、能帮助你的人有哪些？

⑥可以从什么事情开始着手做?

这次,你又是什么心情呢?我猜你已经做好了"好,开始收拾"的准备了吧。我刚才举出的整理房间的例子,按照上述的提问,就会出现下面的一问一答。

【模式B】

①你正在拖延的事情是什么?

整理房间。

②你真正希望变成什么样?

桌子上没有杂物,书摆放得整整齐齐,地板光洁亮丽。

③如果变成那样的话,你会是什么心情?

每天都神清气爽、干劲十足。

④已经做了一点的事情是什么?

书架最上面一层的书已经摆放整齐,桌子的抽屉也比较干净。

⑤能使用的工具、能帮助你的人有哪些?

有吸尘器和垃圾袋。跟孩子说的话,他应该会帮我一起收拾。

⑥可以从什么事情开始着手做?

那就先从收拾桌子上的东西开始吧。

模式 A 的提问是 Ppe（消极）的，而模式 B 的提问则是 Pep（积极）的。这两者之间有什么区别呢？

模式 A 的提问方式聚焦在没有做到的地方，也就是不足之处。

---

①你正在拖延的事情是什么？

②你为什么一直没有做呢？←对负面的过去进行原因追究的提问

③你为什么现在不做呢？←对负面的当下进行原因追究的提问

④如果继续拖延会怎么样？←引出负面的未来状态的提问

⑤那你为什么不做呢？←虽然以提问的形式出现，却是一种强行要求

---

②③的提问是在责备别人为什么过去和现在没有做的事情，这会让人产生不该不做的罪恶感；④的提问的目的是让人知道这样下去会发生什么；⑤的提问让人有必须要做、被逼入绝境的感觉。形象地说，被这几个问题一连串问下来，会给人一种被暴打了一顿，被逼到角落里，最后不得不说"我去做"的感觉。

最终会让被提问者产生一种"没办法，不得不做"的心情。

而模式 B 的提问则专注于引导出成功后的未来形象，并让人知道现在已做的事情以及现在具备的条件。

①你正在拖延的事情是什么？

②你真正希望变成什么样？←引出积极的未来状态的提问

③如果变成那样的话会是什么心情？←引出积极的未来心情的提问

④已经做了一点的事情是什么？←认识到现在已经做了什么的提问

⑤能使用的工具、能帮助你的人有哪些？←认意到已经具备哪些条件的提问

⑥可以从什么事情开始着手做？←引发未来行动的提问

　　通过②③的提问，可以让人想象未来的理想状态和处在理想状态下的心情；通过④的问题，让人意识到已经做了什么；通过⑤的问题，让人意识到现在所具备的条件；通过⑥的问题，引导出被提问者可以做的第一步行动。打个比方，一个人通过想象，体味到了登上山顶时那尽收眼底的美景和无限的成就感，确认了登山用的装备和同行的伙伴，而这些将鼓励他迈出第一步。

　　最终，"我愿意干！好，撸起袖子加油干"的心情便会油然而生。

　　人的干劲的来源，大致可分为以下两种。

避免负面未来

拥抱积极未来

模式 A 是避开负面未来的提问，引导出来的是"没办法，不得不做"的干劲。而模式 B 是拥抱积极未来的提问，激发出来的是"我愿意干！好，撸起袖子加油干"的干劲。

抱着"没办法，不得不做"的心情去做，和抱着"我愿意干！好，撸起袖子加油干"的想法去做，你觉得哪一种会更顺利呢？

能够激发干劲的积极提问包含 3 个要点。

1. 愿景（目的地）

2. 资源（随身物品）

3. 过程（旅途）

之所以需要这 3 个要点，是因为人的干劲只有在以下三种时候才能够被激发出来。

1. 能够清晰地描绘出自己想去的地方（目的地）的时候。

2. 能够把握现在所处的状况，认识到已经具备哪些条件、已经拥有哪些东西的时候。

3. 通往目的地的旅程安排合理，前行过程中能获得成就感的时候。

我们要想做成一件事，首先要决定目的地，描绘出目标达成的样子，即愿景。生动形象地勾勒出做成时的样子，即满分时的状态。

重要的是，先不要管是否能够做得成。姑且想象我们做成了，尽力在脑中描绘出满分的状态。

然后，把握现状。我用"资源（随身物品）"一词来表达"现状"。举个例子，假设我们要去爬山。我们最初可能只有一个想爬山的念头，目的地的样子在脑海中并不清晰。通过提问的方式，让自己想象登顶时可能看到的景色，可能听的声音，以及自己当时的心情，进而充分调动五感，并想象出自己成功登顶时的样子。

这就叫"愿景"，成功时的样子会像影像画面一般浮现在脑海中。此时，心里已经充满了期待，并坚信"一定要做成这

【激发干劲的 3 个问题】

①愿景（目的地）

希望成为什么样子？
处在什么状况中（看到的、
听到的、感受到的）？
什么心情？
谁会为我们感到高兴？
我们要感谢谁？

③过程（旅途）

想达成的小目标？
重要的东西？
从哪里开始？

②资源（随身物品）

已经做好的事情是什么？
已经拥有的东西是什么？
为什么要以此为目标？
能帮助我们的人是谁？
能活用的经验有什么？
优势是什么？
想提升的地方有哪些？

件事！"我们将这种兴奋的状态设定为满分 10 分。

我们一般认为，在做事之前，自己的状态是从 0 分开始的。从 0 分到 10 分，会感到其中的路途异常遥远。虽然我们对到达终点充满期待，但说不定在这个过程中也会有打退堂鼓的时候。

接下来我们要明确自己已经拥有了哪些资源。通过提问的方式把已经做好的事、已经具备的东西梳理出来。

比如，爬其他山时的登山经验、平时的徒步运动经验、以前购买的登山工具、一起爬山的同伴等，这些都是自己的资源。我们也可以把想爬山的理由列进去。

认识到现在所拥有的资源后，就能感觉到自己并不是从 0 分起步的，而是已经行走在途中了。这样一来，便有了前行的动力。

假设我们现在已经达到了 4 分，要从 4 分开始，朝着 10 分的目标前进。此时，为了激发干劲，我们要设定中途可以完成的小目标。

比如，5 分的状态是怎样的，为了达成 5 分，我们要列出立即可以做的小事有哪些。这样一来，我们就能产生"这样的小事我能做到"的感觉，从而成功提升干劲（参照下图）。

【愿景·资源·过程的旅途】

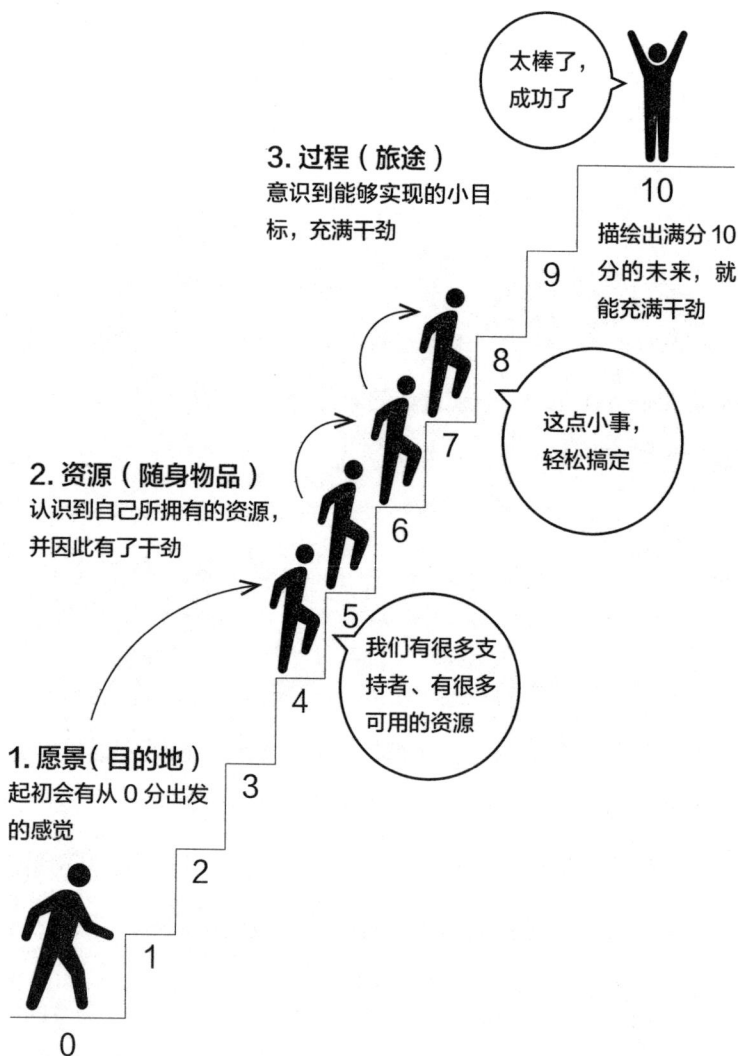

3. 过程（旅途）
意识到能够实现的小目标，充满干劲

太棒了，成功了

10

描绘出满分 10 分的未来，就能充满干劲

9

8

这点小事，轻松搞定

7

2. 资源（随身物品）
认识到自己所拥有的资源，并因此有了干劲

6

5

我们有很多支持者、有很多可用的资源

4

1. 愿景（目的地）
起初会有从 0 分出发的感觉

3

2

1

0

感觉如何？是不是已经逐渐意识到了提问的巨大力量？接下来，我要分享三个案例，看看故事的主人公们是如何通过改变提问方式，成功激发干劲的。

第一个故事

有一家机械制造厂，负责发动机开发的工程师团队正面临着一个难题,公司要求他们最大限度地缩小现有发动机的尺寸。

工程师们纷纷抱怨："为什么要这样做？""为什么公司要我们做这种不可能完成的事情？"团队的干劲荡然无存。

于是，领导问道："如果这个项目成功了，会发生什么？"工程师们纷纷回答："如果能成功，那将是史无前例的壮举！""我们将是第一个研发成功的人，太牛了！"此时，沉重的气氛一扫而空，大家瞬间鼓足了干劲。

第二个故事

这是一个少年棒球队的故事。

终于迎来了期待已久的集训，孩子们兴奋不已，鞋子脱得乱七八糟，工具扔得到处都是,情况简直惨不忍睹。如果在以前，教练会说："为什么脱得这么乱七八糟的？""为什么不摆好？"

说了好几次孩子们也不收拾，最后，教练生气地说了一句

"不收拾就不让你们打棒球"后，强迫他们去收拾。

教练意识到提问的巨大力量后，改变了原来的提问方式。结果，孩子们主动将鞋子摆放得整整齐齐，工具也整理得干干净净。

你猜，教练是怎么提问的呢？答案是：

"你们觉得一支强队的队员会怎么摆放鞋子？"

"你们觉得日本第一的强队会怎么整理工具？"

———

第三个故事

有一家幼儿园，到了中午吃便当的时间。老师对正在庭院中玩耍的孩子们说："吃午饭了。"孩子们一听，扔下手中的玩具就想跑回室内。

老师说："为什么不把玩具收拾好？你们怎么扔下玩具就回来了？"孩子们完全听不进去，跑回了室内。老师只好无奈地自己去收拾散落在庭院里的玩具。

不过，当老师改变了提问方式后，孩子们开始争先恐后地收拾玩具了。

你猜，老师是怎么提问的呢？答案是：

"看看谁能最先收拾好玩具？"

从上述三个故事中我们可以知道，改变提问的方式，就能够激发对方的干劲。

4. 提问方式一变，未来随之改变

有一种叫作"英雄采访"的方式，采访的主题是"被采访人有什么梦想或者目标，以及为此付出了哪些努力"。我们假设被采访人梦想已经成真，在此前提下，采访者要用这种采访方式提出问题。

扮演采访者的人要表现出心情激动的样子，认为眼前的英雄是一个了不起的人物，提问时要心怀尊敬。接受采访的人则要兴致勃勃地配合作答。

首先，恭喜您！

① 这次您实现了什么梦想？

② 请您详细地描述一下现在的情况。

③ 是什么契机让您拥有了这个梦想？

④ 为了实现梦想，您做了哪些努力？

⑤ 中途遇到了哪些困难？

⑥ 遇到困难时，您用什么话来鼓励自己？

⑦ 您为什么没有放弃呢？

---

⑧ 为了实现梦想，谁为您提供了哪些帮助？

⑨ 您想说什么话向那个人表达感谢？

⑩ 为了实现梦想，您一直珍视的东西是什么？

⑪ 再跟我们分享一下您现在的心情吧。

⑫ 您的下一个梦想是什么？

我相信您一定能成功。我会一直为您加油。谢谢您！

这个采访需要两个人一组，可以轮流进行互换角色练习。

其实，这个采访是我在参加居酒屋"顶端"的创业者大嶋启介先生主办的集训活动中参加过的模拟采访。当时的我完全没有写书计划，在接受采访时却回答："我将于 2017 年 10 月举行面向 1000 人的出版纪念演讲，并向家人和朋友表达感谢。"

把希望未来会发生的事情用语言表达出来，并预先进行庆祝，这就叫作"预祝"。得益于这个模拟采访，4 个月后，我的上一部著作《语言赋能》[1] 正式出版，并摆放在了书店里。

---

1 此书于 2020 年由台海出版社出版。——编者注

这也可以用第 2 章中介绍的心理控制术进行解释，即语言的力量启动了自动成功机制。

此外，我还把这个英雄采访的内容稍加调整，制作了"冠军教练采访"。在决赛当天的早上，我通过电话采访了本书第 1 章中介绍的旗之台俱乐部的大矢主教练。

恭喜您的球队喜夺桂冠！

① 球队摘得桂冠，您现在是什么心情？

② 今天这场比赛的重点是什么？

③ 听说您这次使用了 Pep Talk 激励话术，为什么要尝试这一话术呢？

④ 实际尝试之后也遇到了不少难题吧，您的感觉如何？

⑤ 教练和孩子们发生了哪些变化？

⑥ 迄今谁给过您怎样的帮助呢？

⑦ 您想说些什么表达感谢呢？

⑧ 为了夺冠，您的团队最重视什么？

⑨ 再和我们分享一下您现的心情吧。

⑩ 您的下一个梦想是什么？

再次恭喜您！感谢夺冠的旗之台俱乐部的大矢主教练接受我们的采访！

大矢主教练在决赛前就已清晰地描绘出了夺冠时的景象，当我提问时，他回味着想象中夺冠后的心情，非常激动地给了我精彩的回答。

通过这样的提问，就可以激发出一个人的干劲。

转换成积极话语

接下来，就让我们学习一下如何将平时使用的语言转换成积极话语吧。

语言的转换可以分为"理解转换"和"指示行为转换"。

> 1. 理解转换——对人印象篇
>
> 2. 理解转换——状况篇
>
> 3. 指示行为转换

1. 转换理解——对人印象篇

我们会用语言来表达对某个人的看法。比如，我们有时会用以下词语来评价一个人。

> ·易怒
>
> ·悲观
>
> ·挑剔

> · 散漫
>
> · 爱讲理
>
> · 吝啬

人是从体验中学习的，你之所以会这样评价一个人，是因为对其具有充分的体验强度和体验频率。作为 Pep Talker，我们需要把评价别人的语言转换成积极话语。转换的方法就是使用"**往好了说**"这句话。比如：

> · 易怒 →（往好了说）→有激情、很热情
>
> · 悲观 →（往好了说）→危机管理到位
>
> · 挑剔 →（往好了说）→细心
>
> · 散漫 →（往好了说）→豁达
>
> · 爱讲理 →（往好了说）→逻辑性强
>
> · 吝啬 →（往好了说）→踏实稳健

我们把这种将消极话语向积极话语的转换称之为"转换理解"。到目前为止，我请许多人参与过转换理解，其中有一个人，把"易怒"转换成了非常有趣的说法："易怒→具有情感爆发力"，可见他的幽默感非常出众。

就像这样，试着从语言层面改变对对方的评价。这样一来，不可思议的事情就会发生。你原本觉得对方易怒不好相处，但转念一想，这正好说明对方具有强烈的情感爆发力，为人热情，充满激情。想法发生改变，你与对方的相处方式也会发生变化。请一定尝试一下！

问题　理解转换（对人印象篇）

运动

消极话语	积极话语
没有领导力 →	
关键时刻掉链子 →	
以自我为中心 →	
没有长进 →	
失误多 →	

教育·育儿

消极话语	积极话语
暑假作业总是临时抱佛脚 →	
三天打鱼，两天晒网 →	
叛逆 →	
散漫 →	
感情不外露 →	

商务

消极话语	积极话语
工作没有计划性 →	
死脑筋 →	
居高临下 →	
爱讲理 →	
悲观 →	

回答范例 理解转换（对人印象篇）

运动

消极话语		积极话语
没有领导力	→	具有协调能力、幕后英雄
关键时刻掉链子	→	训练刻苦
以自我为中心	→	有主见
没有长进	→	大器晚成型
失误多	→	有成长空间

教育·育儿

消极话语		积极话语
暑假作业总是临时抱佛脚	→	有爆发力和专注力
三天打鱼，两天晒网	→	居然能坚持 3 天
叛逆	→	强烈渴望得到对方认可
散漫	→	豁达
感情不外露	→	习惯深度思考

商务

消极话语		积极话语
工作没有计划性	→	行动力强、紧要关头能大显身手
死脑筋	→	具备自己的主见、深思熟虑型
居高临下	→	充满自信、擅长指导别人
爱讲理	→	逻辑性强、具有战略思维
悲观	→	危机管理到位

2. 转换理解——状况篇

我们每天都会遇到各种各样的状况。当遇到令人情绪低落的状况时，也正是我们改变理解方式的好机会。

> ·真倒霉
>
> ·真麻烦
>
> ·太难了
>
> ·太辛苦了
>
> ·我做不到
>
> ·我不擅长

有时，我们会遇到下面这些令人产生消极情绪的状况。比如：

> ·因交通事故住院→真倒霉
>
> ·接到投诉电话→真麻烦
>
> ·临近提交期限→我做不到

当然，我们可以抱着倒霉、麻烦、做不到的情绪去处理这些状况。但如果这样去做，只会恶性循环。那么，为什么会产生这样的情绪呢? 这是因为"**为什么、怎么会这样**"的思维方式在状况和情绪之间发挥了作用。

· 因交通事故住院→(为什么、怎么会这样)→真倒霉

· 接到投诉电话→(为什么、怎么会这样)→真麻烦

· 临近提交期限→(为什么、怎么会这样)→我做不到

作为 Pep Talker, 面临这种状况时就要学会运用"**谢谢、那太好了**"等积极的思维方式。当我们陷入上述这些状况时, 要先说"谢谢"或"那太好了"。

· 因交通事故住院→(谢谢、那太好了)→ _____

· 接到投诉电话→(谢谢、那太好了)→ _____

· 临近提交期限→(谢谢、那太好了)→ _____

如果你觉得"明明遇到事故都住院了, 为什么一定要说谢谢呢"这就说明"为什么"的思维模式第一时间被你启动了。

因交通事故住院, 确实不太走运。但要找住院的好处, 应该也能找得到吧。如果我们转换了思维方式, 可能就会变成以下这样:

· 因交通事故住院→（谢谢、那太好了）→有时间看书了

没错，"谢谢、那太好了"是打开逆向思维开关的语言。同样的，如果我们能开启"谢谢、那太好了"的逆向思维，转换思维方式，就能以积极情绪应对以下糟糕的状况。

· 接到投诉电话→（谢谢、那太好了）→这是改善服务的好机会

· 临近提交期限→（谢谢、那太好了）→能够锻炼专注力

问题 **理解转换（状况篇）**

运动

消极话语		积极话语
训练太辛苦	→	
对手太强大	→	
因受伤不能参赛	→	
无人出局的满垒危机	→	
输了比赛	→	

教育·育儿

消极话语		积极话语
初次的不安	→	
不跑就会迟到	→	
暑假作业没做完	→	
考试紧张	→	
模拟考试不理想，合格概率低于 30%	→	

商务

消极话语		积极话语
工作遇到无理要求	→	
机械性工作很无聊	→	
遭到客户投诉	→	
彻底搞砸	→	
不喜欢在宴会上表演	→	

3. 指示行为转换

如果听到"富含果汁的鲜艳嫩黄色柠檬"这句话，你会产生什么样的感受呢？

想必，你的脑海中会浮现出一个汁液即将迸发的酸柠檬的样子，嘴里开始发酸，不由自主地在分泌唾液吧。

我们的大脑在听到语言的瞬间，会基于过去数量庞大的体验，在脑海中展开想象，这种想象会引发心灵和身体的反应。这种连锁反应可表示为：

语言→想象→心灵、身体的反应

也就是说，对方头脑中展开的想象，会随着我们使用言辞的不同而发生变化，而不同的想象便会造就不同的现实。

回答范例 理解转换（状况篇）

运动

消极话语	积极话语
训练太辛苦 →	肌肉喜欢这样的训练，训练量争做日本第一
对手太强大 →	证明我们实力的好机会
因受伤不能参赛 →	以其他方式为球队做贡献
无人出局的满垒危机 →	化解危机就是好汉
输了比赛 →	发现问题，失败是成功之母

教育·育儿

消极话语	积极话语
初次的不安 →	迎接挑战，每天都是崭新的
不跑就会迟到 →	增强体力，提升跑步速度的好机会
暑假作业没做完 →	能够锻炼专注力
考试紧张 →	真正努力过的证据
模拟考试不理想，合格概率低于30% →	还有 70% 的提升空间，考上就是黑马

商务

消极话语	积极话语
工作遇到无理要求 →	展示实力、锻炼爆发力的好机会
机械性工作很无聊 →	想办法尽快完成
遭到客户投诉 →	提升服务品质的好机会
彻底搞砸 →	能成为谈资
不喜欢在宴会上表演 →	发现崭新自我的好机会

当我们向对方发出指令或请对方帮忙时，经常会使用以下表达方式。

> **否定形 + 不希望对方做的事**

请将下面这句话重复说十遍。

> **"不要想象柠檬"**

接下来请把下面这句话也重复十遍。

> **"想象柠檬吧"**

怎么样？无论哪句话，柠檬的样子都会萦绕在你的脑海里吧？

尝试将下面这句话重复十遍。

> **"别失误"**

接下来，把下面这句话也重复十遍。

"失误吧"

怎么样？无论哪句话，脑海中是不是都会浮现出失误时的情景呢？

"别失误"这句话是由"别"＋"失误"组合而成，是"否定形＋不希望对方做的事"的语言表述结构。

这与柠檬的例子是同样的道理。当我们听到"失误"这个词的瞬间，就会从过去的体验中搜索失误时的场景，并在脑海中展开想象。这就像谷歌的图片搜索一样，大脑里搜索到的都是失误的场景。无论"失误"这个词前面出现的是"别"这样的否定语言，还是"做"这样的肯定语言，都很难让人联想到成功的样子。

所以，把我们向对方下指令时若无其事地使用的"别"改为"做……吧"，对方就能更顺利地想象出成功的场景。

接下来，要为大家讲述护士学校的老师爱女士的故事。

每年会有 120 名学生到爱女士的医院参加实习。据说，每年都会有五六个人经常性的迟到。实习生如果迟到，医院的工作就会受到影响，所以，老师们要想办法防止实习生迟到。

爱女士苦口婆心地说："去年有五个人迟到，今年大家千万不要迟到。"结果不出所料，又有五六个人迟到了。我认为，学生之所以迟到，是因为在学生的脑海里，迟到的印象已经先入为主了。

爱女士学习了 Pep Talk 的"指示行为转换"的方法，马上实践起来。

> · 别迟到→ [   ]

结果，那一年迟到的学生人数为 0。那么，她对学生们说了什么呢？

爱女士是这样说的：

> · 别迟到→请大家留足时间早点到

身为指导者的我们所说的话，会左右听话者的印象，并成为听话者改变行为的契机。"别迟到"的"指示行为转换"还可以是"早点起床""早点出门""提前 10 分钟集合"等多种表达方式。

问题　指示行为转换

运动

消极话语		积极话语
别碰高球	→	
别失误	→	
别放弃	→	
输了就绕操场跑 10 圈	→	
进不了球，就把你从主力名单上删除	→	

教育 · 育儿

消极话语		积极话语
别在走廊里跑	→	
别迟到	→	
别丢三落四	→	
别发呆	→	
不用功就考不及格	→	

商务

消极话语		积极话语
别让我重复说同样的话	→	
别总是找借口	→	
别自作主张	→	
别把合同搞砸了	→	
汇报时别紧张	→	

回答范例 指示行为转换

运动

消极话语		积极话语
别碰高球	→	瞄准低球
别失误	→	打球时要冷静
别放弃	→	继续做，坚持做完
输了就绕操场跑 10 圈	→	想象一下赢了会是什么心情
进不了球，就把你从主力名单上删除	→	机会来了就果断射门

教育·育儿

消极话语		积极话语
别在走廊里跑	→	慢慢走
别迟到	→	留足时间，提前 10 分钟集合
别丢三落四	→	确认随身携带物品，拿着 × × ×
别发呆	→	集中精神
不用功就考不及格	→	好好准备考试

商务

消极话语		积极话语
别让我重复说同样的话	→	让我们想想如何改进
别总是找借口	→	如实汇报
别自作主张	→	事先跟我商量
别把合同搞砸了	→	让客户高兴
汇报时别紧张	→	想象成功时的样子，乐在其中

"积极的语言"未必就是"Pep Talk"

在前面的部分，你已经了解到积极话语会对我们产生的巨大影响，并且学习了如何将消极话语转变为积极话语。

不过，我想说，"积极的语言未必就是 Pep Talk"，"消极的语言也未必就是 Ppe Talk"。

让我们试着创建一个矩阵表，纵列为"积极"和"消极"，横行为"Pep"和"Ppe"。

【积极话语 vs 消极话语，理解方式也可以不同】

	Pep	Ppe
积极	①积极、Pep 的语言	②积极，却让对方失去干劲的语言
消极	③消极，却能激发对方干劲的语言	④消极、Ppe 的语言

> "积极的语言"是指，肯定性的、正面的语言。
>
> "消极的语言"是指，否定性的、负面的语言。
>
> "Pep 的语言"是指，令人积极向上，激发人的干劲的语言。
>
> "Ppe 的语言"是指，令人消极悲观，丧失干劲的语言。

一般来说，我们可以从表达方式是积极的还是消极的，以及听话人会产生怎样的心情这两个角度对语言进行分类。

为什么我在上面会说"积极的语言未必就是 Pep Talk"，"消极的语言也未必就是 Ppe Talk"呢？出现这种"奇怪"的情况的原因在哪呢？其实，判断语言是"Pep"还是"Ppe"的人是听话者。其中的决定性因素大致可分为三个：**1. 信任关系；2. 精神状态；3. 环境、经验和立场。**

1. 信任关系

假设一个领导平时完全不愿意听取团队成员的意见，也不关注成员的努力情况，更未能与成员建立信任关系。有一天，在某个成员要做重要汇报前，这位领导对他说："你一定能行！"（上表中②的情况）

在这种情况下，领导的语言表面上是积极的，但团队成员会想："什么叫'你一定能行'？明明平时对我漠不关心，却还能说出这样的话。"领导的话反而会挫伤他的干劲，让他产生消极的情绪。

相反，平时非常照顾成员，与成员同甘共苦的领导，对犯了一个常见错误的成员说："你看你做的，完全不行啊。"（上表中③的情况）

在这种情况下，语言表面上是消极的，但在成员看来，"领导是真心为我着想才这么说的"，反而能激发出成员的干劲，让成员变得积极向上。

2. 精神状态

有时成员已经非常努力，但结果并不如人意，成员已感到心力交瘁。此时，如果领导对成员说"加油干"，会怎样呢？（上表中图②的情况）

领导的这句话，表面看来是积极的，即使双方信任关系再深厚，成员也会说："领导，我已经努力不动了。"所以，领导的这句话很可能让成员丧失干劲，产生消极情绪。

3. 环境、经验和立场

在日本，被人说成"傻瓜"（日语发音为"aho"）时，很多关东地区的人会感到自己"受到了侮辱"，而很多关西人则倾向于认为这是"亲切的玩笑话"。同样，"糟糕"（日语发音为"yabai"）这个词，不同年龄层的人对其的理解也不同，有的理解为"情况不好"，有的则理解为"非常好"。

另外，在棒球比赛中，当再赢一个对手就能赢得整场比赛的时候，场内就会听到"还差一个人"的助威呐喊声。这句话能为自己的球队（防守方）助威打气，但却给对方球队（进攻方）施加了压力。

总之，Pep Talker 必须充分明白一点，说出的话是 Pep，还是 Ppe，取决于听话人如何理解。换句话说，只有充分理解对方，Pep Talk 才能发挥真正的作用。

学以致用！积极话语转换游戏

N女士，30余岁，在一家大型制造商的销售部门负责销售企划工作。

她阅读Pep Talk的书后，对鼓励话术产生了兴趣，专门来研修班学习Pep Talk。刚学完的时候，她把职场里弥漫的Ppe Talker的消极对话当成耳旁风，自己也不加入其中。但她认为，这样下去，现状不会有丝毫改变，一味忍耐这些消极话语，反而使自己徒增压力。

Ppe Talk的对话，通常会把某个人当成谈论的靶子，谈论的气氛也会很热烈。

"我要想方设法掐灭Ppe Talk的火种。"抱着这样的想法，N女士主动开始了一个人的积极话语，努力和别人说Pep Talk，但她的话却淹没在周围人的消极话语和Ppe Talk的洪流之中。

她努力使用积极的语言，却看不到效果，职场的氛围也没有改变。

　　既然这样，那就让大家了解一下 Pep Talk 吧。于是，她主动提起话题："你们听说过 Pep Talk 吗？这是一种激励话术，每个人都能掌握的。"然而，大家只是说了句"你真好学啊"，并没有表现出任何兴趣。

　　这时，N 女士想到了"积极话语转换游戏"。

　　这是一种将对方的消极话语转换为积极话语，自然而然地引导对方进行 Pep 对话的游戏。

【对话范例①】面对易怒的上司

上　司：那家伙，我前几天就给他发了邮件，也不知道回复。

　　　　这么简单的事情，到底要花多长时间？！

N 女士：〇〇先生他现在是不是忙得不可开交啊？

上　司：我哪知道。

N 女士：我打个电话确认一下吧。

上　司：好，麻烦你（打电话确认）。

N 女士：听说〇〇先生身体不适，从上周开始就请假休息了。

上　司：真的啊？！我不知道这事，刚才还说了那样的话……

　　如果在以前，N 女士会在心里嘀咕："这个上司，真是心胸狭隘啊。"但现在，她会通过话语措辞，引导上司把目光聚

焦在事实本身上。

而这位上司通过和 N 女士的这番对话，也发生了变化。在那之后，即使发生了令人生气的事情，他也会先冷静地确认事实。

【对话范例②】面对牢骚满腹的前辈

前　辈：我们公司员工食堂的菜品味道很淡，不好吃。

N 女士：您平时就品尝过许多美食，所以才吃得出来不同啊！

前　辈：是吗？

N 女士：就是啊！

前　辈：确实，我喜欢吃味道重的东西。让我天天吃家系拉面[1]都不会腻。

如果在以前，N 女士会说："不要老是发牢骚。"但现在，在她持续不断的"转换理解"的影响下，前辈的牢骚减少了。

【对话范例③】面对因工作进展不顺而情绪低落的同事

同　事：客户公司的负责人说"法律和公司的规章制度就是

---

1 浓厚的酱油豚骨汤配粗面的横滨地道拉面。——译者注

> 这么规定的，不行就是不行"。他们太不灵活了，这
> 个谈判真的很麻烦。
>
> N 女士：是啊。确实会觉得很麻烦。对方一定是一家设想了各
> 种各样的情况，风险管理意识很强的公司。
>
> 同　事：如果连 99.9% 不可能发生的事情都要考虑的话，那工
> 作就没法做了。
>
> N 女士：确实如此。如果我们强行推进，对方也会坚决拒绝。
> 你觉得这样说怎么样？"我们也在设想各种风险，寻
> 找合法合规的做法，还差一步就能解决了。您能助我
> 们一臂之力吗？"谈判的时候，努力拉拢对方，你觉
> 得呢？
>
> 同　事：我不太喜欢这种卑微的说法。
>
> N 女士：那我们分工吧! 我负责前半部分的谈判，你负责向客
> 户说明项目情况，可以吗？
>
> 同　事：OK。我负责项目说明!

　　如果在以前，N 女士会劝他说："反正也只能硬着头皮做
了。"但现在，她会先接受对方的情绪，转换理解方式，然后
提出可以一起做的行动方案，同时还顺利地激发出了同事的
干劲。

持续开展"积极话语转换游戏"后,以往充斥着抱怨、不满和闲话的职场,也开始有越来越多的欢快话题了,气氛也热闹了起来。而之前的消极话语越来越惹人反感,Ppe Talk 的火种自然而然地被掐灭了。

第四章

短短 5 秒
就能激发自己斗志的
"自我 Pep Talk"

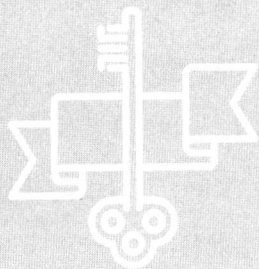

让自己充满活力的"自我 Pep Talk"

我经常会在演讲中问听众这样的问题："你想鼓励的人是谁？请列举出 5 个。"现在，也请你列出自己想给予鼓励的 5 个人吧。

第 1 个人：

第 2 个人：

第 3 个人：

第 4 个人：

第 5 个人：

被问到这样的问题时，很多人都会写上家人、朋友、单位同事的名字。

接下来，我会问第二个问题："有没有人写了自己？"

结果，大约有 10% 的人举手。也就是说，90% 的人不会写"自己",绝大多数人没有想过自己给自己鼓励。

正在阅读本书的你,把"自己"写进想要给予鼓励的 5 个人中了吗?如果没有写进去,我希望你一定把自己添加进去。因为,最先需要得到鼓励的人是"自己"。为什么这么说呢?只有鼓励别人的人保持了良好的状态,他才能够在鼓励别人时传递出正能量。

假设一个鼓励别人的人精神萎靡不振,怀抱着不安和烦恼,没有梦想也没有目标,身体也不是很好,膝盖和腰部经常疼痛,健康状况堪忧,整个人看起来疲惫不堪的话,那么,即使他对别人说"我虽然是这副样子,但希望你能加油努力",恐怕听他说话的人也很难接受这份鼓励吧。

Pep Talker 的目标就是让自己和别人都达到最佳状态。

所谓最佳,指的是以下这三种积极向上的精神和身体状态。

- **最棒**(Best)
- **最幸福**(Happiest)
- **加油!**(Let's go!)

你知道吗,很多运动员会在正式比赛前对自己进行"自我

Pep Talk"？

　　花样滑冰选手羽生结弦在比赛前，会先对自己说一句"OK！来吧，乐在其中"，再滑向冰场。这就是他把自己调整到最佳状态的语言开关。

　　日本 Pep Talk 推广协会的使命是"用语言的力量打造健康日本！"健康是指，精神和身体都处于最佳状态。

　　为了打造出这样的状态，首先要保持自己处在最佳状态。因此，学会"自我 Pep Talk"非常重要。

　　有一种思维方式叫作"inside out"（由内向外），它就像一个圆圈，不断由自己向家人、同伴、社会等外部扩展，这个词就是从内部开始，向外部扩展的意思。

　　这种思维方式的顺序是，首先要让自己获得满足，其次让家人获得满足，然后让同伴获得满足，最后让社会获得满足。

　　我曾经在医院康复科工作，那时的我其实处于"inside out"的反面，即"outside in"（由外向内）的状态中。我曾经把自己和家人等"内圈"摆在次要位置，优先考虑同伴（医院的工作人员）和社会（地区）等"外圈"的事情，以这种状态一直工作到筋疲力尽，身心俱疲。

　　努力工作到牺牲自己的我，时常感到疲惫、烦躁，甚至会和家人吵架。

当时的我在想，即使牺牲自己和家人，只要有收获，就还能坚持下去。那时我也会遇到不如意之事，会心生不满——明明自己这么拼命，还是得不到周围人的认可——并一度陷入负循环状态。那时我所做的一切，就是为了得到同伴和社会的认可，我被这种欲望驱使着。

"inside out"有点像香槟塔。最上面一层是代表自己的杯子，从上面开始，第 2 层是家人，第 3 层是同伴，第 4 层是社会。

在装满最上面那层代表自己的杯子后，溢出的酒才会流入下一层代表家人的杯子中。为了鼓励周围的人，让他们充满活力，自己必须时时刻刻处于溢满的状态，即充满正能量。为了能够保持不断溢出的状态，我们就需要自我 Pep Talk。

进行自我 Pep Talk 最重要的一环是**"接受和承认"**。

"自我接受"是指，自己接受且包容自己的状态。"自我承认"是指，接受并认可自己所拥有的东西。自我 Pep Talk 是指，能够强有力地推进自我接受和自我承认过程的语言。

其实，接受的原本含义是指，接收和包容负面的事物。而负面的事物指的是不足之处（失误、能力不足、做不到本应能做的事等）、负面情绪（失落、不安、紧张、没有自信等）、负面情况（危机、不利情况等）。

面对这些负面的事物，说一声"失误了吧""也有失落的时候吧""现在正面临着危机呢"，并包容它们，这就是自我接受。

承认，就是指关注正面的事物。

所谓正面的事物，就是认可已经做到的事情、已经拥有的事物（你的存在和想法、擅长的事情、做得好的事情、经验、业绩、支持者等）、正面情绪（想做的心情、觉得自己能行的感觉等）、正面情况（把负面理解为正面的转换方式：危机→成长的机会；不利情况→如果能做成就厉害了），而这就是自我承认。

重复自我接受和自我承认的过程，就是装满自己的杯子的过程。

不断重复"自我接受→自我承认→行动和结果→（对行动和结果）自我接受→（对行动和结果）自我承认"的过程，就能产生自信。

那么，如果不进行自我接受和自我承认，自己的杯子就装不满，这样的状态持续下去的话，结果会怎样呢？

我们会去寻求别人的接受和认可。自己无法满足自己，转而寻求别人的接受的话，很可能会上演负面的自己。出于希望别人接受的愿望,就会无意识地演绎可怜的自己和没用的自己,也有可能会过度失落或做出过激行为……

另一方面,当我们想寻求别人的认可时,也可能会演绎出正面的自己。比如,会宣称自己很厉害,或者炫耀自己、采取引人注目的行为、牺牲自己奉献他人等。虽然这样的自己看上去很努力,但目的却是为了得到别人的认可。

说到底,自己要想掌握自己的人生,就不能寄希望于得到别人的接受和认可,自己竭尽所能才是最重要的。让我们鼓起这样的勇气吧!手捧这本书的你,一定能做到。试试看!

成为 Pep Talker 的第一步,就是要**改变自己正在使用的语言。**

让我们积极乐观一点吧!让我们做一个 Pep Talker 吧!这些话是改变 "状态" 的话语。那么,我们会问:"啊,那该怎么改变呢?"我们要做的就是改变 "方式"。

我们需要打磨自我激励的语言,并达到 2 个重要的目标。

①激励自我的开关

②养成 Pep Talk 习惯的训练

也就是说，改变语言，其实就是改变习惯。下面一章，让我们学习在日常生活的哪些场景中，可以对自己使用 Pep 的语言吧。

结合具体场景为自己鼓劲

开始吃饭的时候，你会说什么？

吃完饭的时候，你又会说什么？

应该有很多人会分别说"我开动了""多谢款待"吧。

那么，早上起床开启新一天生活的时候，晚上睡觉的时候，你会对自己说什么呢？

当你走出家门的时候，当你回到家的时候，你又会对自己说什么呢？

或许，很多人都没有留意过这些。

请你设想一下，在每天重复的工作、运动等经常遇到的场合下，你会用什么话来鼓励自己，为自己启动干劲的开关呢？

试着养成在鼓励对方之前先鼓励自己的习惯吧。在这一节里，将要学习如何根据不同的场景设计自我 Pep Talk。

比如，下表中的语言。

自我 Pep Talk 大致可分为以下三种：

·鼓励助推的自我 Pep

·重新振作精神的自我 Pep

·表达感谢的自我 Pep

首先，让我们开开心心地开始制作属于自己的自我 Pep Talk。

然后，从力所能及的地方开始，一点点地加以实践。

既可以开口说出来，也可以在心里默念。

在实践过程中不断增加属于自己的自我 Pep Talk 吧！

【自成一派的自我 Pep Talk 举例——日常生活篇】

时间节点	自我 Pep
早上起床时	今天也是最棒的一天！ 感恩自己活在当下！
刷牙时	要让牙齿光洁闪亮！
上洗手间时	顺畅爽快，状态绝佳！
开始吃饭时	感谢大自然的恩惠，我要开动了！
吃完饭时	我又充满活力了！ 谢谢你为我做饭！
出家门时	今天也要让公司充满活力！
回到家时	今天的工作表现也很棒！
洗澡时	感谢努力了一天的身体， 放松一下身心吧！
看书时	很期待今天的阅读收获， 开始阅读吧！
晚上睡觉时	今天一天都非常开心， 感恩自己活在当下！

【自成一派的自我 Pep Talk 表①——日常生活篇】

请在这里写下自己能在日常生活中使用的鼓励自己的

语言吧!

【自成一派的自我 Pep Talk 举例——工作篇】

时间节点	自我 Pep
开始工作时	今天也要全力以赴，开启快乐时光！
打电话时	好！要开心地面带笑容打电话！
接到电话时	期待已久的电话！享受电话里的交谈吧！
被拜托做擅长的工作时	好的，交给我吧！我会做出贡献的！
被拜托做不擅长的工作时	好的，我很乐意！能拓宽自己的能力边界！
工作汇报等重要场合	我可以！我可以！我绝对可以！
烦躁时	深呼吸，微笑！微笑！
犯困时	我干得很好！集中精神！
完成工作时	今天也竭尽全力了！ 我真棒，也感谢我的同伴！

【自成一派的自我 Pep Talk 表②——工作篇】

请在这里写下自己能在日常工作中使用的鼓励自己的

语言吧!

【自成一派的自我 Pep Talk 举例——体育运动篇（棒球）】

时间节点	自我 Pep
比赛即将开始时	今天也能打棒球，真幸福！ 尽情享受过程吧！
进入击球区时	状态绝佳！棒球太有趣了！
打出安打时	我真厉害！保持住这个状态！
出局时	很好的尝试！下次会更好！
防守时	来吧，保持良好的节奏！
对方出局时	打得漂亮！
出错时	改进的机会！
比赛结束时	多亏了队友、主教练、教练员、对手球队、裁判、家人、啦啦队和相关人员，我才能享受棒球的乐趣。我竭尽全力了。谢谢。也感谢操场、器具和所有设施条件。

自我 Pep Talk 的诀窍

前面一节，我们尝试了不同场景中的自我 Pep Talk。为了进一步掌握自我 Pep Talk，接下来，我将介绍让自我 Pep Talk 变得更有趣的诀窍。自我 Pep Talk 如果具有"令人欢欣鼓舞的 Pep 语言、朗朗上口的舒适节奏"，效果就会更好。

1. 富有节奏感的自我 Pep Talk

日本人骨子里钟爱的具有代表性的节奏有：用于加油助威时的"337 拍"、川柳的"575 拍"以及短歌的"57577 拍"。

【337Pep】（即使字数不是 337，只要节奏合拍就可以）

"做得到 做得到 一定能够做得到"

"能实现 能实现 绝对绝对能实现"

"我能行 我能行 一定绝对还能行"

"往前走 往前走 只要还有一口气"

"一小步 往前行 向着未来逐梦去"

"感谢你 感谢你 我亲爱的家人们"

【575Pep】（即使字数不是 575，只要节奏合拍就可以）

"击掌来庆贺 众人共同齐创造 团结一体感"

"担当和使命 激情满怀创未来 勇敢去前行"

"出门旅行去 欢欢喜喜走四方 一家人同行"

"肚子咕咕叫 脂肪熊熊在燃烧 我的卡路里"

"脑海中幻想 成功干杯的美酒 工作添活力"

"我想要实现 只要心中存梦想 一定能实现"

"我想培养出 壮志凌云谈理想 逐梦的孩子"

【57577Pep】（即使字数不是 57577，只要节奏合拍就可以）

"为之则成功 不为则不能成功 世间任何事 之所以不能成功 只因为不为之也"（上杉鹰山）

"只要去锻炼 你越是锻炼得多 就会越强大 你变得越是强大 就离梦想越接近"

"积极乐观的 心态面对每一天 尽情享受吧 只要语言能改变 心态也会跟着变"

2. 合辙押韵的自我 Pep Talk

使用以同样的音开始或结尾的语言，更容易打动人心。

比如，美国半导体芯片制造商英特尔公司的广告语就很有韵味，令人印象深刻。

·Intel inside（英文广告词以相同的音开头）

·インテル　はいってる（interu haiteru）（日文广告词以相同的音结尾）

在"337 Pep"中介绍的"做得到，做得到，一定能够做得到！"和"575 Pep"中介绍的"担当和使命，激情满怀创未来，勇敢去前行！"，还有在旗之台俱乐部的故事中出现的"最强！最棒！！最发光！！！"等，同样的词语或发音相似的词语反复出现，就容易给人留下深刻的印象。

激励自己的自我 Pep Talk，正因为具备以下特点，才容易让学习者养成开口说的习惯。

· 随时可以说

· 随地可以说

· 一人也可以说

· 5 秒内就能说完

你也要制作出自己钟爱的自我 Pep Talk，并付诸实践哦。

激励自己与他人

本多好郎先生从大学时代开始打网球，历经千辛万苦，终于成为一名国家级选手。在做运动员时期，他赢比赛犹如囊中取物，不免骄傲自满。对于本多先生而言，在赛场上，与自己对战的籍籍无名的第一轮选手，只是热身对象罢了。比赛结束与对方握手时，他甚至都不正眼看对方，只是象征性地碰碰指尖。

本多先生退役 10 年后，他的儿子也开始打起了网球。为了以身作则，本多先生重返大师赛。但是，他竟然与从前根本不是自己对手的选手陷入苦战，在第一次来为父亲的比赛助威的儿子面前，他终于还是败下阵来。一直认为父亲所向披靡的儿子，眼中泛起了泪花。

本多先生心想："这样下去不行，必须要改变。"在一次培训会上，他了解到了体育精神的真正内涵。

"对手""裁判""规则"，尊重这三点，才是体育精神的精髓。

"怎样做才算尊重对手呢？"本多先生苦思冥想许久，终于得出了一个结论：

抛弃只要自己赢球就好的想法。无论什么样的对手，作为网球选手都是平等的。所以，在比赛中，既要鼓励自己也要鼓励对手，尽全力打出最好的比赛。

对了，只要把从第一轮开始的所有比赛都当成决赛就行了！

于是，他马上在下一场比赛中进行实践。为了让对战双方都赛出最好水平，他在赛场中发出了这样的声音。

当自己得分时，他就这样激励自己："好！漂亮！"不仅如此，当对方得分时，他也会激励对方："好球！漂亮的发球！"

对手一开始觉得莫名其妙，后来渐渐领会了本多先生的用意，双方都尽力打出最好状态，赛场气氛异常热烈。

这是一场前所未有的比赛，对手之间竟然互相鼓励。尽管是第一轮比赛，但观众席上座无虚席，大家都兴致盎然。本多先生在赛场上鼓励自己和对手，一心希望双方打出最好的成绩。最终，他恢复了原本的实力，大获全胜。比赛结束时，他对对手说："谢谢您，这场比赛非常尽兴，下次比赛再见。"他坚定地看着对方的眼睛，双手紧紧握住了对方的手。

　　第二轮比赛时，他也同样在赛场上鼓励对手。这时，背后观众席上传来大声为他呐喊助威的声音。回头一看，正是第一轮对战时的对手。

　　是的，之前的对手在为本多先生呐喊助威。随着第三轮、第四轮比赛的推进，啦啦队的人数不断增加，得到众多观众声援的本多先生获得了冠军。

　　在夺冠后的采访中，本多先生如是说道："以前我也在好几场比赛中获得过冠军，但能从同伴那里获得这么大的力量，还是第一次！"

　　本多先生回顾了这段经历，对我说道："一直以来，赢球是我的唯一目标。但当我理解了体育精神的本质，懂得尊重对手、互相鼓励、共同进取的时候，我才发现，体育运动原来如此有趣。"

　　本多先生作为网坛的领军人物之一，通过这段经历掌握了 Pep Talk。如今，他用 Pep Talk 在指导年轻一代的选手们。

第五章

短短 1 分钟
就能激发他人干劲的
"目标 Pep Talk"

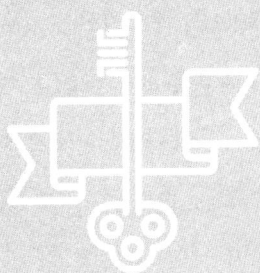

关键时刻的 Pep Talk 的基本类型

最经典的 Pep Talk，就是"目标 Pep Talk"。

目标 Pep Talk 是指，在美国的体育比赛即将开始时，主教练或教练员在更衣室里，倾情激励球员时所做的动员讲话。

为了激励选手们在比赛中发挥出最好水平，主教练或教练员需要引导选手们塑造积极乐观的心态。正因为体育界是输赢分明、真刀真枪的世界，正因为选手们为之付出了艰苦的努力，主教练和教练员更需要磨砺语言表达，在关键时刻发表一番经过锤炼的 Pep Talk。

在比赛前仅有的 1 分钟时间内，该抱着怎样的心情，传达什么，怎样传达，主教练和教练员恨不得在前一晚通宵思考这个问题。思考时，他们会想起自己和选手们一起走过的艰苦练习的日子，想起自己在平时练习中所传达的理念，想象正式比赛将怎样展开，选手们会有怎样的表现，一边联想一边组织语言。之后，他们会反复朗读，不断打磨。

正式比赛开始之前，主教练或教练员会发表极富个人风格的 Pep Talk。发自肺腑的演讲能打动选手的心，震撼他们的心灵，点燃他们的斗志。

这是一种只有教练和运动员们才能感受到的心灵相通。正因为志同道合，才能够心意相通。

想在现场观看 Pep Talk 相当困难，因为 Pep Talk 经常在闲人免进的房间里进行。但在美国的体育电影中可以经常看到 Pep Talk。

很多影片都由真实故事改编而来，作为 Pep Talk 的学习范例，除了可以从中学习传达的内容，语气、语调、肢体语言、手势以及如何传达方面，也值得我们借鉴。

目标 Pep Talk，就是对 1000 多部美国体育电影中的 Pep Talk 进行分析后，构建的一种可以激发人的干劲的语言模型。

电视剧《不过是先出生的我》中的 Pep Talk

2017 年 10 月，由樱井翔主演的电视连续剧《不过是先出生的我》在日本电视台开播，其中就提到了 Pep Talk（剧中涉及的 Pep Talk 场景，由日本 Pep Talk 推广协会监制）。

该剧讲述了樱井翔饰演的商社精英鸣海凉介被派往知名度很低的京明馆高中担任校长，与师生一同改革学校教学制度的故事。

在剧中，鸣海校长率先学习并实践"主动学习"模式，推行课堂教学改革。剧中由苍井优饰演的真柴知弘老师非常支持鸣海校长的改革，在她的影响下，学生们越来越有干劲。于是，鸣海校长这样问她。

> 鸣海校长：你是怎么调动学生干劲的？
>
> 真柴老师：你问我怎么调动……我跟同学们说，如果大家想出的方案能提升学校的人气，该是多么自豪的事啊，大家一定能够做到之类的……

鸣海校长: 你说的是 Pep Talk !

真柴老师: 什么 Pep Talk？

鸣海校长: 商务场合也经常会使用，怎么说呢，就是一种能激发对方干劲的话术。总之，就是用积极话语调动下属的干劲。

真柴老师: 我没有做那么夸张的事……

鸣海校长: 真柴老师，你原来是个 Pep Talker 啊!

真柴老师: 什么 Pep Talker？

鸣海校长: 我有种预感，校园开放日活动一定能成功!

剧中出现了以上这一幕。真柴老师使用积极话语改变了班级的氛围，鸣海校长还夸她是个 Pep Talker。

真柴老师对 Pep Talk 产生了兴趣，开始阅读一本蓝色的名为《触动心灵的交际 Pep Talk》的书，并开始认真学习 Pep Talk。

其实，这本书是真实存在的，它是日本 Pep Talk 推广协会的代表理事岩崎由纯先生首次将 Pep Talk 介绍到日本的书。真柴老师通过这本蓝色的书开始学习 Pep Talk，她按照目标 Pep Talk 基本模型的"7 个步骤"制作了 Pep Talk，面对负责活动策划的高中生们发表了一番讲话。

她带着些许紧张的表情，开始缓慢地说出刚学会的 Pep Talk。她用手指数着 1、2、3，就像是在确认 Pep Talk 的一个个步骤似的。

1. 大家现在正在挑战一个难度非常大的难题！

2. 这是一个重要的难题，它很可能会改变京明馆的未来！

3. 而勇敢举手挑战这一重要难题的，正是你们自己！

4. 因为你们所在的班级是京明馆高中 2 年级 3 班，是先进班。这个学校最优秀、最有创意的学生都聚集在这个班里！

5. 除了你们，没有人能找到答案！

6. 当你们找到那个答案的时候，你们一定会这样大声呼喊：成功了！

7. （沉默之后，露出舒畅的表情）我们干了一件了不起的事！

刚开始，学生们一脸疑惑："这是要干什么？"当听到"最优秀、最有创意的学生都聚集在这个班里"的时候，他们虽然有点害羞，但也越来越受到鼓舞。当听完最后一句话时，整个班级都沉浸在一种"好，大家一起加油干吧"的氛围中。

接下来，我要解说一下这个由 7 个步骤构成的 Pep Talk。

首先，接受现状。这所不受欢迎、报考人数非常少的学校，如果照现在的状态发展下去，势必面临倒闭的风险。需要让学生们认识到他们正面临着影响学校未来的重要挑战。

然后，真柴老师告诉学生们，他们是这个危机的救世主，并使用"先进班""优秀""创意"这样的词汇来认可学生们的优势。之后，她说的"除了你们，没有人能找到答案"，也就是在说"你们一定能找到答案"。她在明确指出希望学生们怎么做的同时，通过使用限定式的语言表达来认可他们的能力。

真柴老师边看书边说着刚学会的 Pep Talk。不料，她忘记了最后一句台词，稍微停顿了一下。片刻沉默后，她坚定地说出了"我们干了一件了不起的事"，通过最后的这句话，为她的讲话助推了一把。

回到这部电视剧的话题上。后来，这本蓝色的关于 Pep Talk 的书成了老师们的圣经，学校的各个班级都开始使用 Pep Talk，学习氛围越来越好，校园开放日活动成功举办，学校改革不断取得新的进展。

"目标 Pep Talk"的 7 个步骤

在本节，我将分析"目标 Pep Talk"的 7 个步骤的语言
构成方式。

P（Present：接受事实）

接受对方的处境和情绪感受

E（Empathize：对处境和情绪拥有同理心）

借助自己和他人的经验关心对方、表达理解

P（Positive：转换理解方式）

改变对事实的看法，聚焦已经拥有的资源

T（Teach：经验教训和胜利的方程式）

传授有益于到达终点的智慧

A（Action：指示行为转换）

使用"做……吧"的言辞，把关键时刻希望对方做的事情表

达出来

L（Lead：鼓舞和契机）

> 鼓舞别人瞬间提起干劲，激发对未来的想象
>
> K（Kick off：助推一把）
>
> 最后再用激励话语助推一把

仔细观察你会发现，把这 7 个步骤的英语单词首字母连起来，就是 Pep Talk。

接下来，我们来看一个 Pep Talk 的具体案例——高中足球省赛决赛。球队的对手很强大，队员们有些发怵，此时教练说了一番 Pep Talk。

> P（接受事实）
>
> "今天是决赛，对手是全国大赛的常客，你们害怕了吗？"（★）
>
> E（对处境和情绪拥有同理心）
>
> "那还用说吗，这么高级别的比赛，谁都会害怕。"
>
> P（转换理解方式）
>
> "不过，今天是证明我们强大实力的好机会！"（★）
>
> T（经验教训和胜利的方程式）
>
> "对手越强，我们就能发挥得越好。"
>
> A（指示行为转换）
>
> "像平常一样好好防守，把握住每一次机会！"（★）

L（鼓舞和契机）

"这场游戏，我们就要玩出自己的风格。"

K（助推一把）

"来吧，尽情疯狂吧！"（★）

感觉如何？在这里，我稍作解说。

P（接受事实），不否定在高级别比赛上会对强劲对手产生害怕心理的情绪感受，如实接受现状。

E（对处境和情绪拥有同理心），无论是谁在这个赛场上，都会感到害怕。感同身受，让队员们产生安全感。

P（转换理解方式），与强劲对手对战的比赛并不意味着紧张，这反而是证明自己实力的好机会。改变对事实的看法，瞬间便能提高干劲。

T（经验教训和胜利的方程式），根据自己以往的特点，有理有据地判断今天是展现实力的好机会，开启展现真正实力的开关。

A（指示行为转换），为了战胜强队，明确地传达希望选手们在赛场上怎么做。

L（鼓舞和契机），用一句话点燃斗志，增添气势。

K（助推一把），最后用力助推一把，将选手们送入赛场。

再来看一个年轻员工即将第一次向客户做演示汇报时，领导鼓励他的 Pep Talk。

P（接受事实）

"今天你要做一个重要的演示汇报。你看起来有点不安，还好吗？"（★）

E（对处境和情绪拥有同理心）

"嗯，我第一次做演示汇报的时候也是紧张得不得了，所以很能理解你的心情。"

P（转换理解方式）

"不过呢，这也意味着你即将迈出新的一步。为了这一步，你已经踏踏实实地做了很多准备。"（★）

T（经验教训和胜利的方程式）

"迈出新的一步的时候，最需要勇气。这也是你成长最快的时刻。"

A（指示行为转换）

"总之，你要相信自己，努力向顾客传达你的想法。"（★）

L（鼓舞和契机）

"你一定能做到。"

K（助推一把）

"来吧，尽情享受新的一步吧！"（★）

感觉如何？如果领导能像这样去关注员工，赋予他们勇气，员工一定会感到高兴，你说呢？接下来，一起分析一下这个场景。

P（接受事实），领导察觉到第一次做演示汇报的部下看起来有点不安，就主动和他打招呼。

E（对处境和情绪拥有同理心），领导分享自己的经验，拥有同理心，给下属一种安心感。

P（转换理解方式），不安意味着正在挑战与以往不同的新课题，在改变理解方式的同时，也认可部下已做的准备。

T（经验教训和胜利的方程式），告诉下属"新的一步"拥有非同寻常的意义。

A（指示行为转换），简洁传达关键时刻最希望对方做的事情。

L（鼓舞和契机），说一句能让人鼓起勇气迈出一步的话。

K（助推一把），最后说一句让对方享受整个过程的话，让他能够以放松的姿态迈出新的一步。

以上 7 个步骤构成的 Pep Talk 的特征是，对于对方现在面临的事实，"**E＝拥有同理心，也就是情感上的关怀**"和"**T＝经验教训，也就是理性地加以思考整理，并点燃对方的干劲**"。

当你习惯了 Pep Talk 之后，便能自然而然地基于这种情绪和逻辑，说出激励对方的言辞。因为有 7 个步骤，所以需要做好精心的准备。遇到突然要讲 Pep Talk 的场合时，如果犹豫"是怎样的顺序来着"，就会错过时机。所以，我希望能将 Pep Talk 更加简洁地传达给大家。

因此，我想请你再次阅读一下上文中足球比赛前的 Pep Talk 和演示汇报前的 Pep Talk 中带有（★）的部分，也就是"PPAK"部分。

摘出前面提到的足球比赛前的 Pep Talk 以及演示汇报前的 Pep Talk 中的"PPAK"部分后，如下：

> P（接受事实）
>
> "今天是决赛，对手是全国大赛的常客，你们害怕了吗？"（★）
>
> P（转换理解方式）
>
> "不过，今天是证明我们强大实力的好机会！"（★）
>
> A（指示行为转换）
>
> "像平常一样好好防守，把握住每一次机会！"（★）

K（助推一把）

"来吧，尽情疯狂吧！"（★）

P（接受事实）

"今天你要做一个重要的演示汇报。你看起来有点不安，还好吗？"（★）

P（转换理解方式）

"不过呢，这也意味着你即将迈出新的一步。为了这一步，你已经踏踏实实地做了很多准备。"（★）

A（指示行为转换）

"总之，你要相信自己，努力向顾客传达你的想法。"（★）

K（助推一把）

"来吧，尽情享受新的一步吧！"（★）

你会发现，"PPAK"本身就是一段简短有力、要点突出的 Pep Talk。

因此，如果你想在照顾对方情绪的同时，有理有据地、有说服力地、细致入微地传达，可以使用 7 个步骤的 Pep Talk。如果你想传达得简洁有力、要点突出，则可以使用 4

个步骤的 Pep Talk。

也就是说，以"PPAK"的 4 个步骤为基础构建框架，再添加上"ETL"就可以了。

其实，不把"ETL"全部加进去也无妨。5 个步骤或 6 个步骤都可以。Pep Talk 的关键在于说出对方最想听的话，而这些话也是你最想表达的。

使用简单的 4 个步骤
构建 Pep Talk 的框架

　　7 个步骤的 Pep Talk 是通过分析 1000 多部体育电影中的激励话语，总结、提炼出来的。为了使用起来更加方便，达到更简洁、有力的目的，我在上一部著作《语言赋能》中，将 Pep Talk 简化为 4 个步骤，并分别做了介绍。

【Pep Talk 的 4 个步骤】

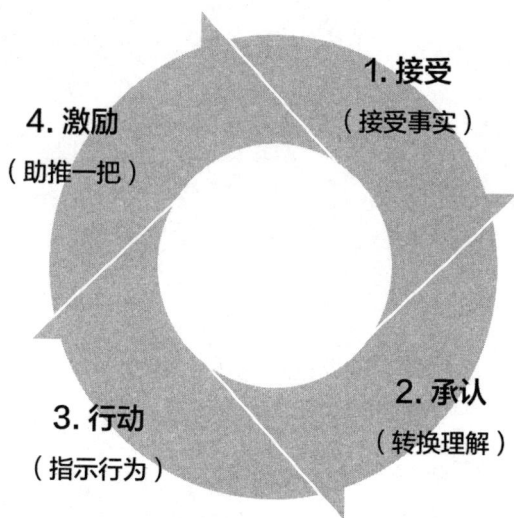

4. 激励
（助推一把）

1. 接受
（接受事实）

3. 行动
（指示行为）

2. 承认
（转换理解）

　　诞生于残酷的竞技体育领域，让久经磨炼的人充满干劲的"接受、承认、行动、激励"的 4 个步骤，实际上在电视剧、广告、歌曲等各类场景中也得到了广泛应用。我们也可以称它为点燃干劲的"必胜模式"或"胜利的方程式"。

电视剧《下町火箭》中的 4 步骤 Pep Talk

在日本 TBS 电视台播出的电视剧《下町火箭》中，Pep Talk 频频登场。

本剧讲述了由阿部宽饰演的主人公佃航平，在老街的一家名叫佃制作所的小工厂担任社长，员工被他对制造业的热情深深折服，他们一起克服重重困难，为大型企业帝国重工的火箭发射业务制造阀门，并协助帝国重工成功完成了火箭升空任务的故事。剧中还涉及利用火箭发射卫星、开发无人操作农业机器人的发动机和变速器的经过。

在剧中，佃航平和一心想要实现零部件生产完全内部化的帝国重工，进行了一场关于阀门性能的较量。而在帝国重工担任阀门开发任务的人，正是佃航平的女儿利菜，由土屋太凤饰演。

利菜非常喜欢火箭，受父亲影响，成了一名火箭技术人员。在这场父女对决中，父亲航平获胜，利菜的自信心受到了严重打击，情绪非常低落，航平在与女儿一起眺望星空时说了这样一番 Pep Talk。

1. 接受（接受事实）

"利菜，现在你的眼前充满了无限可能，就像这个宇宙一样浩瀚无垠。"

2. 认可（转换理解）

"你想做什么，去做就好了。你有你的衡量标准，别人也有别人的，各不相同。"

3. 行动（指示行为）

"走自己相信的路，这样你一定会得到幸福。我坚信这一点。"

4. 激励（助推一把）

"一步一步往前走，不要着急。"

航平从广阔的宇宙谈起，瞬间将情绪低落的利菜的视线引向了天空。然后，启发她不要拘泥于与别人的比较和争输赢中，自己的标准才是重要的。接着明确地告诉她，只要走自己相信的路就能收获幸福。最后，鼓励她一步一步往前走。

剧中，航平与帝国重工合作开发的无人操作农业机器人"兰德克罗"，虽然起步落后于竞争对手的"达尔文"，但总算可以上市了。

航平和同伴们一起注视着在试验田里自动行驶的"兰德克

罗"，深情地说了一番话。

---

1. 接受（接受事实）

"接下来才是真正的战斗，上市后还会出现各种问题。"

2. 认可（转换理解）

"不过，这不也是一种乐趣吗？现在样子丑一点也无妨，研发还需要更长时间。但只要不停止钻研，总有一天我们能开发出最棒的农业机器人。"

3. 行动（指示行为）

"我们要坚信这一点，不断追求梦想。"

4. 激励（助推一把）

"跑起来，跑起来，兰德克罗！承载着我们的梦想，跑起来！"

　　问题肯定会出现，但这也是一种乐趣。正因为航平一路上克服了重重困难，他讲出来的这番话才有力量。他说，只要坚持不懈，就能开发出更棒、更令人激动的机器人，这句话也让同伴们为之振奋。

　　这是一番点燃灵魂的 Pep Talk，它表达出了以保护日本农业为毕生梦想的同伴之间的羁绊以及他们的决心。这部剧就在这动人的一幕中迎来了结局。

广告中的 Pep Talk
——你们是被世界杯选中的幸运儿

接下来，让我们看一看广告中出现的 Pep Talk。

下面是可口可乐在国际足联 2018 年俄罗斯世界杯上打出的广告。这其中就包含着 Pep Talk。广告中的场景设定在可口可乐的工厂，可口可乐在生产线上川流不息，鱼贯而出。一位穿着红色 T 恤的领导，对即将展翅飞向世界各地的可口可乐说道：

1. 接受（接受事实）

"可口可乐原味，可口可乐 ZERO，你们是被世界杯选中的饮料！"

2. 认可（转换理解）

"你们有的会受到热烈追捧，有的会遭遇疯狂打击。但是这种激情，就是你们活着的证明。"

3. 行动（指示行为）

"你们会让失败的苦涩变得甘甜，让胜利的滋味变得浓厚。"

4. 激励（助推一把）

"向世界展示你们的实力吧！祝你们好运！"

你不觉得这是一个很棒的 Pep Talk 吗？

激励的对象不限于人，东西也可以呢（笑）。

让我们分析一下这段 Pep Talk。

1. 接受事实。指出全世界日销量高达 19 亿瓶的可口可乐能被世界杯选中，既是一种荣耀，也是一种压力。

2. 转换理解。提到"你们也许会在世界杯上受到热烈追捧，也许会成为发泄怒气的工具，但这才是你们活着的证明"，这是积极看待负面事件的转换理解。活着的证明，指明了存在的意义。这是最棒的存在认可方式。此时，可口可乐们应该已经拥有了坚定的信心。

3. 指示行为。指出当球迷因为输球而感到懊悔时，你们会让失败的苦涩变得甘甜，反之，当球迷因为赢球而高兴时，你们能让胜利的滋味变得更深厚。也就是说，你们的行为必须要像一个情感表演艺术家一样。

4. 助推一把。喊出"去证明自己的实力吧！祝你们好运"这句加油助威的话，用力助推一把。简直太酷了。

小学 5 年级的姐姐鼓励因不会做作业
而丧失干劲的小学 2 年级的弟弟

我的前一本著作《语言赋能》的定位是商业书籍。但是，当时正在上小学 5 年级的林美空同学读了这本书后，不但实践了 Pep Talk，还写了感想寄给我。

美空同学原本就是一位非常喜欢阅读的女孩，她的梦想是成为一名小说家。她的爸爸购买了这本书，并随手放在餐桌上，热爱阅读的美空在机缘巧合间读了起来。

在阅读过程中，她惊讶地发现："一个人只要改变一下语言就能发生天翻地覆的变化！"于是，她想马上实践一下 Pep Talk。她在写给我的感想中说到，她的弟弟柚木因为不会做作业而沮丧，所以她按照书中所写的 4 个步骤制作了 Pep Talk，并用到了弟弟身上。

【Pep Talk 书的阅读感想】

看完 Pep Talk 的书后，恰好碰到弟弟好像写不完作业了，我就想："这正是实践 Pep Talk 的好机会！"于是就对弟弟说了一番

Pep Talk。

1. 接受（接受事实）

"我很多时候也写不完作业。"

2. 认可（转换理解）

"不过，柚木你一旦认真起来，一定能够很快做完。"

3. 行动（指示行为）

"用尽全力拼一把吧。"

4. 激励（助推一把）

"来吧，Let's go！"

我说了这番话后，弟弟真的认真地完成了作业。这让我亲身体会到 Pep Talk 真的很有用。一想到当朋友们担心、不安、紧张的时候，我能够鼓励他们，我就想更加深入地学习 Pep Talk。当我想激发弟弟的干劲时，Pep Talk 就会自然而然地脱口而出。真的很好用。感谢您。

我一直觉得，成人能够实际应用 Pep Talk 就已经难能可贵了，居然有学生能够脱口而出 Pep Talk，这让我感到十分惊讶。

她说的内容非常简洁。大人们往往想把话说得漂亮一些，努力获得对方的理解，便在不知不觉间说成了长篇大论，但效果真的好吗？美空同学仅仅用 4 行超级简单的 Pep Talk，就打动了对方的心，激发了对方的干劲。

1.讲述自身经历，拉近与弟弟的情感距离。

2.认可弟弟的认真和实力。

3.使用"用尽全力、拼一把"这样简洁的词汇来指示行为。

4.轻轻地助推一把。

美空的故事还没有结束。她想更加深入地学习 Pep Talk，于是，她和把这本书介绍给她的爸爸一起参加了我的为期两天的研修班，并学习了自我 Pep Talk 和目标 Pep Talk。

在研修班上，她正式学习了 Pep Talk，并制作了新的 Pep Talk。

【对忘了东西的朋友说】

1. 接受（接受事实）

"我也经常忘带东西。"

2. 认可（转换理解）

> "不过，这是一个跟老师说实话的机会。"
>
> **3. 行动（指示行为）**
>
> "下定决心诚实地说出来吧。"
>
> **4. 激励（助推一把）**
>
> "我看着你去说哦！"

我感受到了孩子身上的无限可能性。

美空开始学习 Pep Talk 后，在使用积极话语的过程中，整个人在不断地发生着变化。以前，她并不擅长在课堂上举手发言或在人前讲话，但现在，她能在课堂上积极举手发言了。

另外，在了解 Pep Talk 之前，朋友找她商量事情的时候，她不知道该怎么回答好，只能随声附和地说："嗯，嗯。"但是，自从学习了 Pep Talk 后，她用 Pep Talk 鼓励找她商量的朋友，而她的朋友也比以前更开朗了。

在鼓励朋友的时候，最重要的是要认真聆听对方说的话，然后转换理解，引导对方关注和认可已经拥有的东西。

据说，美空的鼓励能力提升后，找她商量事情的朋友也多了起来。

于是她下定了决心。

"我想给朋友们说 Pep Talk。"

之后，她邀请父亲（不，是拽着父亲的手）一起，夹在一堆成年人中参加了视觉 Pep Talk（将在第 6 章介绍）研修班，甚至还参加了 Pep Talk 的讲师培训研修班。

要成为讲师，必须参加为期 3 天的培训，并通过 30 分钟的演讲认定考试。但她做到了，顺利成为日本 Pep Talk 推广协会的一名认证讲师。

现在，美空作为最年轻的演讲者活跃在讲台上。

她将来会成为小说家，她笔下的主人公一定会使用 Pep Talk 来鼓励别人吧。语言的力量真的很强大，Pep Talk 可以改变孩子们的人生。

第六章

短短 2 分钟
就能抓住听众心灵的
"视觉 Pep Talk"

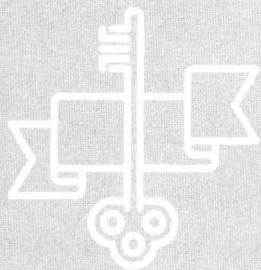

让听众感动
且震撼的"视觉 Pep Talk"

在本书前面的章节中，我介绍了什么样的语言能让人受到鼓励，点燃干劲。最后，我想再介绍一个能让人充满干劲的诀窍。

那就是**"感动"**。在你以往的人生中，有过令你心灵受到震撼的体验和感动吗？我想，你一定经历过很多次吧。每一次，你的心情和行为都会发生变化，不是吗？

我自己也有过体验，也看到、听到过别人的体验，有许多次被深深打动的经历。

当我第一次听到将 Pep Talk 介绍到日本的岩崎由纯代表理事的 Pep Talk 演讲时，我感到十分震撼，并大受鼓动。那场演讲成为我推广 Pep Talk 的一个契机。

在那场 90 分钟的演讲中，最让人感动的部分是卡洛斯·洛佩斯选手在洛杉矶奥运会上夺得男子马拉松冠军的关于"金线"的故事。我至今仍然记得，在听那个故事时，我当场萌生了一个念头：要向更多的人说"谢谢"。

后来，我成立了 Pep Talk 推广协会，与岩崎代表理事共同致力于打造体系化的 Pep Talk。

关键时刻进行的简短演讲，是对朝着目标迈进的人进行的 Pep Talk，所以我们将它命名为"目标 Pep Talk"。此外，平时激励自己时使用的 Pep Talk 也很重要，将其命名为"自我 Pep Talk"。

但不知为何，我心里一直有个疑问。听众们听了岩崎代表理事的演讲后，都大受感动，并受到极大的鼓舞，充满了干劲。这种感动是不是也算 Pep Talk 呢？

在与岩崎代表理事对话的过程中，我意识到，他的演讲内容里包含着**"故事和信息"**。我问岩崎代表理事在演讲时会关注什么，他说在讲述故事的时候，会想象自己身处故事的情景中，并且努力让听众也产生身临其境的感觉。

原来如此，这是让演讲者和听众同步想象的画面，也就是说，让他们拥有共同的视觉印象。于是，我们决定把这类让人感动的演讲命名为**"视觉 Pep Talk"**。

积极话语是所有 Pep Talk 的根基，在此基础之上，我们又开发出了各种不同的 Pep Talk。例如：

> **短短 5 秒就能激发自己斗志的"自我 Pep Talk"**
>
> **短短 1 分钟就能激发他人干劲的"目标 Pep Talk"**
>
> **短短 2 分钟就能抓住听众的心的"视觉 Pep Talk"**

Pep Talk 的体系就这样建立起来了。

语言也正像"自己→家庭→同伴→社会"的顺序一样，由内向外，不断扩大。

身为领导，如果能够发表感人的演讲，即"视觉 Pep Talk"，团队成员自不必说，在拥有不同背景的人聚集的场合中，也能点燃他们的心灵。

之所以将"视觉 Pep Talk"设定为 2 分钟，是出于两方面的考虑。第一，讲述一个紧凑的故事，2 分钟的时长恰到好处。第二，在一个长时间的演讲中，为了让听众能够适度集中注意力听讲，2 分钟左右切换一个话题比较合理。

接下来，我将按顺序讲解如何制作"视觉 Pep Talk"。

> **1. 选择信息和故事**
>
> **2. 编剧力：4 步构建视觉 Pep Talk**
>
> **3. 表达力：磨炼语言表达，让听众被话语吸引**
>
> **4. 传达力：让听众被故事吸引**

1. 选择信息和故事

首先，要决定在什么场景中，对谁发表"视觉 Pep Talk"。然后，要决定想要传达给听众的信息是什么。

比如：表达感谢之情，表达自己会付出最大的努力，表达想让人生更加快乐，等等。然后，从自己的经历中选取一个最适合传达该信息的故事。

如果想传达"自己会付出最大的努力"这一信息，就要选取带有自己竭尽全力后克服了什么困难，或者受到了什么样的感动的故事。

让我们感动的体验，往往是改变了我们的价值观和行为的体验。以此体验和经历为基础，从中提炼想要表达的信息即可。你可以选择感动了自己、令自己心灵震撼的体验。以这些体验为基础构建故事，之后再添加上与故事相契合的信息就可以了。

重要的是，在构建故事的过程中，能否清晰地回忆起自己在经历这个故事时所受到的感动。

2. 编剧力：4 步构建视觉 Pep Talk

接下来，我们将按照 4 个步骤来设置故事和信息。

①开场（铺垫）

②发展（尝试 & 错误）

③感动（高潮）

④激励（升华）

是不是看起来有点像"目标Pep Talk"中的①接受、②承认、③行动、④激励的4个步骤呢。但是，在这里请将两者区分开来。

步骤①~③要做故事的设置，步骤④要做信息的设置。

①开场（铺垫）

吸引听众的兴趣，激发（抓住）听众想听的欲望。设定情境和人物，将听众带入到故事的情境中。

②发展（尝试 & 错误）

主人公陷入困境，为了克服困难而挣扎（尝试 & 错误）。在此过程中，主人公的理解方式发生了转变，获得了启发。

③感动（高潮）

主人公以②中获得的启发为契机，确定自己的行事准则，并反复付诸实践。最后，终于战胜困难，迎来了超出预期的结局（反差）。通过这份感动体验，勾勒出主人公的成长轨迹。

④**激励（升华）**

通过①～③的故事体验，将获得的价值观和行为准则整合成积极的信息，传达给听众。

以我经常在演讲时讲的故事为例，学习如何运用上述 4 个步骤。

【故事 1】

信息：竭尽全力用好现有资源

故事：一名卧床不起的女性与新来的理疗师相遇，女性下定决心一定要再种一次蜜瓜，经过两年的康复训练后顺利出院，实现梦想的故事。

①**开场（铺垫）**

美智子女士开开心心地在北海道从事蜜瓜种植工作，却因为原因不明的疾病被迫卧床 5 个月。她完全动弹不得，甚至无法翻身，失去了活下去的勇气。

②**发展（尝试＆错误）**

医生对此也束手无策。偶然有一名新人理疗师代替其他医生前来指导美智子女士的康复训练，他问自己："我能做些什么？是不是

已经尽了最大努力？"于是，除了治疗之外，他每天都拼命地为美智子按摩身体。

③感动（高潮）

"我想再种一次蜜瓜，所以，我想和那个人一起做康复训练！"重新找回生活希望的美智子女士付出了不懈的努力。经过两年的康复训练，她奇迹般地出院了。她又开始种蜜瓜了。

④激励（升华）

思考"现在我能做些什么"，并将其付诸行动，就能开辟新的道路。你也试着竭尽全力用好现有资源吧。

在第 1 章中介绍过的旗之台俱乐部的故事，我们可以这样进行叙述。

【故事 2】

信息：领导的语言能塑造团队

故事：少年棒球队吵架不断且实力不济，教练改变指导话术后，球队成长为大赛冠军的故事。

①开场（铺垫）

"旗之台俱乐部"是一支拥有 50 年悠久历史的少年棒球队。但是，教练和孩子们都使用负面语言，球队的实力难以提升。

②**发展（尝试＆错误）**

就在这样的情况下，主教练接触到了 Pep Talk。他和教练员们商量后改变了训练和比赛时使用的话语措辞。"最强！最棒！！最发光！！！"成为球队的口号。最初将信将疑的身边人，看着在大赛中不断胜出的孩子们，也逐渐发生了变化。

③**感动（高潮）**

总决赛来袭。挺进决赛的球队一路上过关斩将，战胜了 124 支强队。这场比赛在主教练说完 Pep Talk 后拉开帷幕，球队最终在加时赛环节取得了胜利。主教练对击出决胜球的击球员说了一句积极的话语，那就是"享受打棒球的乐趣吧"。

④**激励（升华）**

教练改变了话语，球队因此发生了变化，并取得了成果。身为领导者，你的话语能塑造一个团队。

我们首先要做的是，确定故事的框架。旗之台俱乐部的故事原本更长，但故事的框架通过以上 4 步就可以总结出来。

3. 表达力：磨炼语言表达，让听众被话语吸引

看了"编剧力"中介绍的两个故事的框架后，或许你会发

出这样的感叹：原来还有这样的事啊，可真厉害。除此之外，能给你留下的印象也不过如此吧。

下一步，我们以故事框架中的内容为基础，进一步磨炼语言表达，让听众能够产生身临其境的感觉。之所以要打造身临其境的感觉，是因为"**人都是从体验中学习的**"。

无论好坏，我们通过个人体验，形成了自己的执念和价值观，并指导着自身的行动。

举个例子，假设一个人在非常痛苦的时候得到了朋友的帮助，那么，这个人就会认为"朋友是会帮助自己的人"，从而形成"应该珍惜朋友"的价值观。

也就是说，我们是通过体验来学习的。相反，曾经遭遇过朋友背叛的人，可能会持有相反的执念和价值观。

"视觉 Pep Talk"就是以故事的形式讲述经历，并让听众体验与故事主人公相同的经历，或者让听众回忆起自身过往的类似经历并重新体验一遍。通过这样的体验学习，我们会萌生出要好好珍惜朋友、要积极表达感谢之情等想法，行为也会随之发生改变。

人们往往明白道理，但有时却难以付诸行动。

比如，"运动对身体健康非常重要"，这是众人皆知的道理。

但为了健康真正在运动的人并不多。即使对不运动的人反复强调 "运动很重要"，他们大概率也不会运动。但是，通过讲述运动带来的好运、运动让人摆脱了逆境之类的故事，让听众经历和故事主人公相同的体验，他们就会比较容易萌发运动很重要，想要去运动的想法。

也就是说，不要试图用讲道理的方式让听众明白，而要通过讲故事来打动听众的心。当听众心悦诚服时，他们就会改变想法和行为。打个比方，想传达的信息是苦口的良药，直接吃自然难以下咽，如果把药包在可食糯米纸里吞下去的话，信息也就能快速传达到听众心中。

言归正传，让我们来学习该如何提高语言表达力吧。基本方法可以概括为以下两点：

①诉诸 "感觉"

②诉诸 "逻辑"

①诉诸 "感觉"

这是指诉诸听众的五官感觉，使用刺激左脑的表达方式。

通过这个方法，把故事中令人印象深刻的场景挑选出来，并加以详细描绘，让听者犹如身临其境般看到故事的画面。此时，你可以问自己以下几个问题：

> 看到了什么？看起来怎么样？（视觉）
>
> 听到了什么？听起来怎么样？（听觉）
>
> 感觉到了什么？是什么样的感觉？（身体感觉）

例如，上文的【故事1】，在"竭尽全力用好现有资源"的②发展（尝试＆错误）中，有一段新来的理疗师思考"自己能做什，是否已尽最大努力"的场景，我们如果使用诉诸五官感觉的表达进行润色的话，就可以变成以下这样的描述。

> 打开昏暗（视觉）安静的（听觉）的病房门，一个瘦弱的女人躺在那里。一瞬间，背后袭来一股寒意（身体感觉）。

通过增加眼睛能看到的亮度、耳朵能听到的安静程度、身体能感受到的感觉，便能陡然提升听话者身临其境之感。另外，使用"一股寒意"这样生动的能够表达感觉的语言，也能达到很好的效果。

②诉诸"逻辑"

这是提高可信度，刺激左脑的表达方式。

> · 加入专有名词
>
> · 加入数字
>
> · 加入台词

> 我原本想着"按照指示，我只做30分钟（数字）的电疗，然后就回家"，但仔细一看，发现那位女士和我母亲年龄相仿。
>
> 我扪心自问道："如果她是我妈，我真的只会给她做完电疗就让她回去吗？我并没有尽最大努力！现在的我能做些什么呢？"（台词）当我回过神来，发现自己正在给美智子（专有名词）的身体做按摩。

就像这样，要想方设法磨炼语言，提高表达能力。

需要注意的是，不要为了提高表达力而加入过多语言，变成长篇大论。要在 2 分钟的短暂时间内，设置令人身临其境的故事和具有冲击力的信息，就有必要对语言进行断舍离。

一般而言，2 分钟的演讲稿控制在 600 字以内。以上述故事为例，实际使用的"视觉 Pep Talk"的文字稿如下：

【故事1（559字）】

①开场（铺垫）

在北海道从事蜜瓜种植的美智子，得了一种原因不明的疾病，被迫卧床 5 个月。她虚弱到无法翻身，失去了活下去的勇气。

②发展（尝试 & 错误）

医生也束手无策，认为她"不可能活着回家"。在此情形之下，我偶然代替前辈去为她做康复训练指导。打开昏暗、安静的病房门，一个瘦弱的女人躺在床上。一瞬间，背后袭来一股寒意。我原本心想"按照指示做完 30 分钟电疗就回去吧"，但仔细一看，发现那位女士和我母亲年龄相仿。

我扪心自问道："如果她是我妈，我真的只会给她做完电疗就回去吗？我并没有尽最大努力！现在的我能做些什么呢？"当我回过神来，发现自己正在给美智子的身体做按摩。这样的按摩持续了一周时间。

③感动（高潮）

奇迹发生了。

美智子含泪要求："我想再种一次蜜瓜，所以我想和那个人一起做康复训练！"

重获生活希望的美智子付出了不懈努力。半年后,她坐起来了。又过了半年,她能站起来了。又一个半年后,她可以走路了。终于,经过两年的康复训练后,她顺利出院,又开始种蜜瓜了。

④**激励(升华)**

这个奇迹产生的契机,就是"按摩身体"。这是我当时竭尽全力能做的事。

思考"我现在能做些什么",并付诸行动,就能开辟出一条道路。

你也试着竭尽全力用好现有的资源吧。

将旗之台俱乐部的故事浓缩成 2 分钟的文字稿的话,如下:

【故事 2(546 字)】

①**开场(铺垫)**

"旗之台俱乐部"是一支拥有 50 年悠久历史的少年棒球队。但是教练和队员们都使用消极语言,比如"没有干劲就给我滚回去""你为什么出错"等,团队氛围并不和睦。

②**发展(尝试 & 错误)**

就在这样的情况下,大矢敦主教练接触到了积极语言,即 Pep Talk。"我想通过 Pep Talk 来改变球队。我希望孩子们能更好地享受打棒球的乐趣。"出于这样的想法,他和教练员们商量后,改变了训练和比赛时使用的话语。

发动进攻前，喊出球队的口号："最强！最棒！！最发光！！！"
即使失误了，队员们也会互相说："没关系，下次看清楚球的位置。"

一开始不知所措的孩子们也慢慢增强了自信。身边将信将疑的
大人们看着孩子们不断获胜，也慢慢发生了改变。

③感动（高潮）

12 月 2 日，是总共有 124 支关东强队参赛的育英大赛的总决
赛日。

"只要做，就能成！最强！最棒！！最发光！！！"

比赛在主教练的倾情 Pep Talk 后拉开了帷幕。激战进入加时
赛环节。到了一球决胜负的关键时刻，主教练说了一句"享受打棒
球的乐趣吧"。这句话有力地鼓舞了选手，球队反败为胜。在获奖
后的采访中，当记者问及："您的助威话语令人印象深刻。您在学
习什么指导话术吗？"大矢主教练自豪地回答道："我在学 Pep
Talk！"

④激励（升华）

主教练鼓起勇气改变了指导话语，球队因此发生了改变，并取
得了不凡的成绩。

身为领导者，你的话语能塑造一个团队。从今天开始，试

着改变一下自己的言辞吧。

要在 2 分钟内传达故事和信息，大约需要 600 字的文字量。你可能还有很多场景想要描绘，但作为 Pep Talker，进行语言的断舍离，做到简洁传达更为重要。

人具有想象能力，即使说话者不详细说明一切，听话者的大脑也会自动弥补缺失的信息。重要的是，说话者如何描绘出与听话者共通的画面。

4. 传达力：让听众被故事吸引

到这一步为止，剧本已经写完了。最后，就是如何传达给听众。

要传达给听众，声音的大小、语速、停顿、抑扬顿挫、姿势、表情、肢体语言等要素固然很重要，但在这里，我想与你分享更为宏观的要点，而不再一一解说具体的技能。

有两个要点，对于演讲者而言至关重要。

①演讲者的世界观

②演讲者的状态

①演讲者的世界观

演讲者想要发挥出怎样的个人特色，想要构建出怎样的世界观，这一点十分重要。换句话说，演讲者要珍惜自身所具有的能量和个性。演讲者想作为一个什么样的人站在听众面前，想把演讲的场合打造成怎样的空间，需要提前设定好。

比如，温暖且具有包容性的世界观，精神饱满、能够点燃灵魂的世界观，尊重每个个体存在价值的世界观，等等。

顺便说一下，我很珍视"成年人的社团活动"。在这些活动中，每个成年人就像以前参加学生社团活动时一样，专心致志地享受当下，努力工作，相互切磋，共同提高。

所以，对于我来说，听众就是社团活动的伙伴，而我要传达的信息就是："尽全力做好眼前事！"

你也有你的世界观，找到它，并好好珍惜它吧。

②演讲者的状态

状态是指"State of Mind"，也就是心态。演讲的时候，除了要有世界观之外，演讲者怀着怎样的感情在演讲也很重要。

现在，演讲是我的职业。其实，我以前并不喜欢演讲，要在比较短的时间内（约90分钟）给听众带去心灵的震撼和感动，我觉得自己没有大量的素材、技巧和经验。

以前的我，在演讲之前总会感到焦虑不安，心想："听众会认真听我说话吗？他们会不会因为无聊而睡着？ PPT 能正常播放吗……"

上台演讲时，我会特别紧张，我觉得自己讲不出让人感动的话。现在想来，当时我的演讲中一定有很多说理的内容吧？演讲结束后，几乎没有听众想听第二遍吧？

有一天，有人告诉我，演讲时重要的不只是技巧，还有状态。也就是说，演讲者应该更多地关注自己演讲时的情感状态。

那个人还告诉我，最好的状态是"爱、自由、感谢、快乐"。他问我，你在演讲的时候感受到这些情感了吗？答案当然是"NO"。于是，我决定在下一次上台演讲之前，要把自己调整成充满感恩和快乐的状态。"我可能准备得不充分，我可能会失败，但我想向今天来到这里听我演讲的人表达我的感激，我真的很高兴能有机会让大家听到我的演讲。"我怀着这样的心情开始了我的演讲。

虽然用的是和之前演讲时完全相同的 PPT，说的是同样的故事，但听众的反应却截然不同。他们时而哭，时而笑，他们被我打动了。甚至有人在演讲结束后跑着来找我，希望我能去他们那儿演讲。

在此之前，我一直很讲究演讲的技巧和方法，当听到听众对我说这番话后，我突然明白，其实演讲最重要的是自己的情感状态。

　　从那以后，每当我向听众讲述"视觉Pep Talk"故事的时候，我会仔细回忆故事场景，细细品味自己的情感，并将它传达给听众。演讲者的情感波动越大，越能打动听众的心。我也渐渐明白了，所谓感动，就是打动了自己的心，再去传达给他人。

　　作为领导，很多时候需要让团队成员团结一心，又或者需要在拥有诸多不同背景的人聚集的场合中发表讲话。这个时候，一定要使用"视觉Pep Talk"，因为它可以帮助你做一场震撼人心的演讲。

感人至深的视觉 Pep Talk 成为
家长加入 PTA 的契机

庄司和孝先生在一家专注于 IT 领域的金融公司里担任总经理职务，他管理的员工人数相当多。

3 年前，庄司先生赴任大阪分店的店长时，致辞的第一声便是："我来这里是为了给大家带来幸福。"庄司先生不愧是 Pep Talker，成员们的心瞬间被他牢牢抓住。他在工作中大显身手，和大家一起做出了不凡的成绩。

故事就发生在这位庄司先生身上，时间大约是在 10 年前。

庄司先生被邀请参加儿子就读小学的父亲会，以此为契机，他开始参与社区和 PTA（家长教师协会）的活动，最终担任了 PTA 会长。PTA 的活动很有意义，但费时费力，很多学生的家长对此敬而远之。

庄司先生为了提高参与 PTA 活动的人数，在 PTA 大会更换会长的致辞中，他以亲身经历为基础，发表了一席饱含深情的视觉 Pep Talk。

他的视觉 Pep Talk 内容如下：

① 开场（铺垫）

大家听说过"恩情传递"这个词吗？

"儿子出车祸了，可能会死。"

我突然接到妻子打到公司的这通电话。赶到医院，只见上小学一年级的儿子已经奄奄一息……

"我应该多腾出时间陪他玩的"，后悔的念头油然而生。

② 发展（尝试＆错误）

幸好儿子保住了一条命，但由于交通事故造成的巨大冲击，他的脑神经断裂，失去了记忆，连自己是谁都不知道了。他不会说话，就像回到了婴儿时期。由于儿子需要 24 小时陪同，我每天从重症监护室（ICU）出发去上班。

"也许他的记忆永远无法恢复……"

医生的话让我每天都很纠结。

就在这时，儿子的同班同学寄来了充满关心的文集和千纸鹤。

"大家都在等着你哦！"这句写给儿子的话给了我莫大的力量。

③ 感动（高潮）

我每天拼命地反复朗读文集给儿子听。几天后，一个让医生大吃一惊的奇迹发生了。

"妈妈……爸爸……"

儿子大脑的突触连接了起来，记忆和语言瞬间就恢复了。

那时的感动，我至今难忘。儿子今年上初中了。他没有留下严重的后遗症，正享受着打棒球的乐趣。

④ 激励（升华）

我对当时帮助过我的所有人充满了感激之情。不过，也有一些恩情无法报答。正因为如此，我才想要把自己受到的恩情传递给下一个人。抱着这样的想法，我在 4 年的时间里，为 PTA 做出了自己的最大贡献。

今天到场的各位朋友们，你们也可以以自己力所能及的形式做出贡献。让我们一起来传递恩情吧。

庄司先生的视觉 Pep Talk 给参会的家长们带来了无以复加的震撼与感动。报恩，是指报答有恩于我们的人。而恩情传递，是指向其他人传递恩情。他呼吁，为了建立一所好学校，这种善的连锁式传递不可或缺。

庄司先生的想法触动了大家的心。令人高兴的是，这次演讲结束后，很多家长都开始积极参加 PTA 的活动了。

后 记
Postscript

感谢你读到最后一页。

读完此书，你有什么感想呢？

此时，请你务必再做一遍第 2 章的"Pep Talker 潜力度测试清单"，说不定你的分数已经提高了。即使分数没有太大变化，我相信，你也已经知道，从明天开始该如何有意识地使用自己的语言了。

你已经跨出了身为 Pep Talker 的第一步。

其实，半年前有个参加 Pep Talk 研修班的人告诉我："参加之前，测试只得了 1 分，现在几乎是满分了。"他在学习 Pep Talk 的前后到底有什么不同呢？我发现，他最大的变化在于提升了自信，变得非常喜欢自己。每天磨炼自己使用的语言，变化最大的就是自己。当你成为一名 Pep Talker，你周围的世界也会发生变化。

　　我自己曾经也是一个 Ppe Talker，既严格要求自己，也会严厉地指出别人的毛病，总想以打压的方式来激发出对方的干劲。因为自己很努力，所以觉得周围的人付出同样的努力是理所应当的。

　　理所应当成了我的标准，我总是看到别人的不足，"为什么不做""为什么做不到"……这样的语言脱口而出。我问了从中学开始交往的朋友，他说我一直是一个非常热血的人。现在想来，我只不过是在用消极语言来消耗自己的热情罢了。

　　但当我接触到 Pep Talk 后，发生了很大的变化。刚开始，我也只能掌握形式和理论，比如，把"危机"转换理解为"机遇"，把"别做"转换成指示行为的"要做"，有事没事多说"谢谢"……

　　当我改变了自己的语言后，令人不可思议的事情发生了，自己周围的世界发生了很大的变化。当我还是 Ppe Talker 的时候，总是会通过贬低周围人而保全自己。成为 Pep Talker 后，我有了想要共同提高自己与他人的意识。

　　我觉得，通过改变自己使用的语言，也能让自己得到满足。或许曾经有过努力从消极语言中寻求立足之地的经历，才有了现在从积极语言中感受到惬意的自己。自己也因此产生了自信，变得非常喜欢自己……

说句不怕被误解的话，包括我在内的很多日本人都是 Ppe Talker 出身。从某种意义上说，过去的确需要 Ppe Talker。但是，在物质如此丰富的今天以及今后，是追求心灵更加丰富的时代。如果你是过去经受住 Ppe Talk 的洗礼，努力到今天的人，就说明你将会有更大的成长空间。

不妨想象一下充满 Pep Talk 的世界是什么样子吧。

在家里，父母从早上开始就在激励自己的孩子，而孩子也会激励父母。

在学校里，朋友们互相激励，老师和学生也相互激励。

在公司里，上司和下属之间相互激励，去拜访客户时大家都使用积极的语言。

在体育比赛中，我们激励自己的同时也激励对手。

…………

如果这一切能够实现，不仅现在存在的各种问题可以迎刃而解，整个社会还会迸发出源源不断的生机与活力。

积极世界也会在全球普及开来。

正是抱着这样的想法，我写下了这本书。

在上一本著作《语言赋能》中，主要介绍了由 4 个步骤组成的目标 Pep Talk，并与读者分享了 Pep Talk 的核心内容。本书是我的第二本著作，我将日本 Pep Talk 推广协会目前提供的 Pep Talk 的相关内容浓缩在这本书中，展示了 Pep Talk 的全貌，包括"积极话语""自我 Pep Talk""目标 Pep Talk""视觉 Pep Talk"，并与你一起体验了成为 Pep Talker 的历程。

所以，阅读了本书的你已经是一名 Pep Talker 了。

从今天开始，带着自信，运用语言的力量，让你和周围人的人生变得更加多姿多彩吧。

你一定可以的！

本书在制作过程中，由日本 Pep Talk 推广协会的代表理事岩崎由纯先生担任监制。他从协会成立到现在，以及本书的制作、出版过程中，给予了我悉心地指导。此外，还要感谢与我一起推广 Pep Talk 的各位讲师的热情支持。

我还从 Pep Talk 实践者那里获得了宝贵的体验、感想和学习心得，也获得了来自实践者视角的建议和诸多鼓励。另外，我还要感谢 FOREST 出版社的稻川出版局次长，继第一本著作之后，我们又一次心有灵犀地开展了愉快的合作。

最后，向温馨守护我、鼓励我的家人与父母献上最衷心的

爱意与感谢。谢谢你们一如既往地支持这个一旦决定要干就一
条道走到黑的我。

2019 年 2 月吉日

浦上大辅